股票价值投资实战策略

谢 锐◎编著

中国宇航出版社
·北京·

图书在版编目（CIP）数据

股票价值投资实战策略 / 谢锐编著. -- 北京 : 中国宇航出版社, 2022.12
ISBN 978-7-5159-2154-9

Ⅰ. ①股… Ⅱ. ①谢… Ⅲ. ①股票投资一基本知识 Ⅳ. ①F830.91

中国版本图书馆CIP数据核字(2022)第213270号

策划编辑　卢　珊
责任编辑　白希国　　　封面设计　王晓武

出　版 发　行　中国宇航出版社
社　址　北京市阜成路8号　　邮　编　100830
（010）68768548
网　址　www.caphbook.com
经　销　新华书店
发行部　（010）68767386　　（010）68371900
（010）68767382　　（010）88100613（传真）
零售店　读者服务部
（010）68371105
承　印　三河市君旺印务有限公司
版　次　2022年12月第1版　　2022年12月第1次印刷
规　格　710×1000　　开　本　1/16
印　张　13　　字　数　158千字
书　号　ISBN 978-7-5159-2154-9
定　价　39.00元

前言

在未来中国的股市里，价值投资将长期带来收益。

在国外，价值投资已经得到长期的实践和验证。绝大多数投资者应该都知道当代世界最伟大的投资家巴菲特，他被誉为“华尔街股神”。巴菲特创造了世界上最具传奇色彩的投资神话，他所遵从的价值投资理论被誉为经典投资理论。巴菲特是价值投资最虔诚的践行者，他用无数成功的投资，完美地诠释了价值投资可以给投资者带来长期的超额收益。

在国内，投资者对于价值投资理论的分歧比较大。有一部分投资者认为国内股市就是一个投机的市场，根本不存在价值投资；也有一部分投资者认为国内股市具有价值投资机会。

投资者之所以对价值投资模式分歧很大，主要是因为目前市场上一些长期而言明显不能产生太高价值，甚至根本就没有价值的公司，市场却给予极高的市值评价。其不合理的股价表现与其本身应有的价值明显脱钩，使得投资者对价值投资产生迷惑而出现分歧。

虽然市场投资者对国内股市价值投资有所迷惑，但并非国内股市就不适用价值投资。

实践是检验真理的唯一标准。近年来，随着国内机构投资者规模不断增加，价值投资模式被很多机构成功地运用在国内股市中。事实证明，在国内也存在很好的价值投资机会，只是很多投资者不懂得该如何进行价值投资。

投资者想要通过价值投资取得好的收益，就需要正确地理解价值投资的真正含义。

价值投资是基于对公司价值的理解，需要深入研究并了解公司的内在价值，再投资买入并持有股票。如果真正了解一家公司的内在价值，就能帮助投资者识别投资机会，轻松地做出交易决策。

很多投资者认为，深入研究公司是在浪费时间。对他们来说，做股票投资就是低价买入，高价卖出，快速赚取中间差价以获得利润。他们多数人都没想过，也不愿意去深入分析上市公司，只想着怎样低买高卖快速赚取更多收益。抱着这种想法来交易的投资者，其最终结果往往都是亏惨之后失望离场。

股市是一个专业的市场，投资者只有深入研究其运行的内在规律，才能提高股票投资稳定获利的概率。如果投资者能成功掌握价值投资模式，无疑会给自己股票投资带来更大的保障。

随着社会环境的变化，市场投资需求不断增加，价值投资将会更加受到市场投资者的青睐。

近年来，随着银行存款利率不断降低，钱存在银行产生的利息越来越少，人们不得不考虑将手里的钱拿出来投资，让手里的资金能够保值增值。否则，随着市场经济的发展和通货膨胀的影响，手里资金的价值将会不断地被稀释，从而变得越来越不值钱。30 年前的 1 元钱和如今的 1 元钱，其价值能一样吗？很显然是不一样的。30 年前，1 元钱能在超市买很多东西，如今在超市却少有 1 元钱以下的商品。

既然很多人考虑将手里的钱拿来投资，那么就不得不考虑怎么去投资，如何选择好的投资标的，让自己的资金能够在更加安全的环境中产生更多的收益。因此，投资者需要学会一些实用且有效的投资理念和方法，价值投资无疑是最可靠的投资模式之一。

通过对股市多年的摸索、实践和总结，笔者发现，其实国内也存在价值投资，并且在当下和未来的国内投资市场中，价值投资将大有可为。本书系统、全面地总结了价值投资的理念和方法。在本书中，投资者可以看到价值投资的全貌，包括：什么是价值投资，如何评估公司价值，怎么判断公司的安全边际，如何制订价值投资策略，如何进行财务分析，如何寻找具有竞争力的价值公司，如何挖掘具有 10 倍增长潜力的个股，如何规避股市中的投资风险，以及价值投资大师们的投资精华概要。

很多投资者认为，学习和研究价值投资非常枯燥乏味。他们不愿花很多时间研究价值投资，更愿花时间研究跟图表走势相关的技术分析。当然，笔者并不是说投资者研究价值投资，就不用再研究技术分析了。实际上，投资者既要有成熟的价值投资模式，又要有过硬的技术功底，然后将两者结合起来做交易，这样方能大大提高交易成功的概率。本书主要讲解如何利用价值投资模式，来找到长期稳定盈利的方法。

价值投资是未来金融投资市场中实现财富稳健增长的重要途径，所以价值投资将在未来的投资市场中越来越受到重视和青睐。具有高价值公司的股票，在未来的市场走势中会更加的安全和稳健。笔者希望投资者学习本书时能够耐得住寂寞，用心理解和研究，深入体会好的价值投资思路，然后在实践中不断检验和修正，以便形成自己有效价值投资方法。

目　录

第三章　财报中的价值分析

第一章　价值投资基础

第一节　价值投资理论概述

1. 价值投资的概念

价值投资是一种被市场长期证明十分有效的投资策略。

价值投资最早是在20世纪30年代，由美国哥伦比亚大学的本杰明·格雷厄姆创立，后由巴菲特在实践中发扬光大。其重点是透过对股票基本面的分析，挖掘一些股价被市场低估了的股票，然后长期持有，等待股价在市场价值修复或价值增长时获利。

价值投资是实业投资思维在股市中的应用。投资者以低估的价格买入股票并持有，以获取公司发展、扩大促使股价上涨所产生的收益。在公司不断创造利润价值的过程中，投资者享受其成果。

商品的价格围绕价值上下波动，是价值规律的表现形式。股票作为一种特殊的商品，同样也遵循这一基本规律。被低估的股票品种迟早会被市场发现，从而回归其真正的价值，这就给盈利带来了机会。

所以，价值投资就是以低于价值的价格买入股票，然后等待被低估的股票被市场发现，并在股价回归价值时获取利润。

例如，投资者在分析完某一家上市公司后，认为股价已经低于公司价值，并且该公司未来的基本面长期向好，这时投资者可以买入并持有该公司股票。当公司发展获得良好利润后，投资者也能获得公司发展带来的利润。同时，当低估的股票被市场发掘后，其股价比较容易上涨到估值附近，投资者也能享受到股价上涨带来的收益。

2. 价值投资的本质

价值投资的本质就是寻找价值与价格之间的差异。一个公司的价值取决于其现在及未来的盈利能力，也就是大家说的现有价值和成长价值。

一般来说，价值投资者通常会审慎地评估公司的价值，然后再以买下整个公司的心态来买进公司的股票。买入股票前，投资者会花费很多的时间和精力去研究和分析公司情况，询问很多问题，比如：这家公司的财务情况怎么样？债务情况如何？未来是否稳定？将来是否具有良好的资金收入？公司能够给到投资者什么样的回报率？公司业务和业绩增长的潜力怎么样？如果对于以上所有问题都得到了非常满意的答案，那么再以低于未来价值的价格买入公司的股票，未来就可以得到价值增长带来的良好收益。

价值投资是基于对上市公司所处的市场环境、行业地位和内在价值等基本方面的全面认真分析，并通过一定的价值分析模型将公司资产的内在价值量化，确定合理的价格表达，通过与市场现行价格比较，挖掘出被市场严重低估的股票或资产，适时地进行有效投资的过程。

简单来说，就是寻求股票价值回归，根据上市公司的发展前景、盈利能力和历史表现推测投资股票的价格，进行低买高卖的获利操作，或长期持有，分享资产价值增长带来的利润。

例如：某只股票的价格在一段时期内上涨了 10%，而公司同时期的收入却达到了 30% 的增长率，那么该只股票的价值就可能被低估了，投资者此时买入股票，就可能会得到价格回归价值带来的价差收益。相反，如果某只股票的价格在一段时期内上涨了 30%，而公司同期的收入却只有 10% 的增长率或更低，那么该只股票的价值就可能被高估了，投资者买入该只股票后可能会出现亏损。

3. 股市中的价值规律

股票价格本质上是由其内在价值决定的，越成熟的股市，越注重股票的内在价值。理论上说，股票的价值越高，相应地股票的价格就越高。

股票价格会受到供求关系的影响而围绕价值上下波动。在一个成熟健康的股市中，股价围绕价值波动的幅度通常都不大，股价会随着公司的发展而变化，所以这是一个动态平衡。

在实际运行中，市场会受到短期投机因素的影响，使得价格经常偏离价值。但从长期来说，市场价格偏离价值的股票有向价值回归的趋势。

例如：2019 年 8 月 6 日，大宗商品巨头嘉能可（Glencore）宣布全球第一大钴矿穆坦达（Mutanda）将在 2019 年年底停产，这个消息在市场上引起巨大反响，钴业巨头华友钴业和寒锐钴业双双涨停。该消息意味着，未来钴业市场供需关系将会变得紧张，可以预见的是市场供应减少，导致市场价格上涨，从而使得上市公司的业绩会得到很好的增长，以至于上市公司未来价值成长性会非常好，因此，该消息立即反映到了市场股价上。从后续的市场行情看，钴行业的价格其后一直维持上涨走势，同时，华友钴业和寒锐钴业也一改前期股价颓势，从下跌趋势转为持续上涨趋势。

价值投资之所以能够持续地带来收益，根本原因就在于其对价值规律的合理利用。投资者利用短期内价格与价值的偏离，以低价买入目标股票，形成理想的安全边际，利用长期内价格向价值的回归，以更高的价格卖出自己以前低价买入的股票，从而获取丰厚的投资收益。

格雷厄姆在《证券分析》中指出："当证券分析家寻找那些价值被低估或高估的证券时，他们就更关心市场价格了。因为此时他们的最终判断很大程度上必须根据证券的市场价格来做出。这种分析工作有以下两个前提，第一，市场价格经常偏离证券的实际价值；第二，当发生这种偏离时，市场会出现自我纠正的趋势。"

格雷厄姆将价值投资成功的根本原因归于股票价格波动形成的投资机会："从根本上讲，价格波动对真正的投资者有一个重要意义，即当价格大幅下跌后，提供给投资者低价买入的机会；当价格大幅上涨后，提供给投资者高价卖出的机会。"

投资低估值股票，往往能够持续地获取收益。股票市场总会出现一些真正估值过低的股票供投资者选择。当投资者买入低估值的股票后，可能短期内还会因股价下跌导致估值继续下降，但长期来看，股价总会在经过时间检验后，逐渐上升到与其估值基本相符的水平，投资者即可利用市场中的价值规律来获取利润。

投资者也必须清晰地认识到一点，就是有些非常优秀的公司，因为受到众多投资者的喜欢，所以市场价格会相对价值来说偏高一些。因此，对于投资者来说，只要一家公司一直都快速、稳定地成长，那么价格稍微高于价值也是可以接受的。

4. 价值投资的安全边际

安全边际是价值投资的基石。

安全边际是对投资者自身能力的有限性和股票市场波动的不确定性，以及公司发展的不确定性的一种预防和扣除。

如果投资者买入的股票有较大的安全边际，那么就算投资者对公司价值的评估出现一定的误差，市场价格在较长时期内也可能会仍然低于价值。

如果投资者买入的股票有较大的安全边际，那么就算公司的发展受到短期的挫折，也不会妨碍投资者买入本金的安全性。

安全边际是价值投资不可忽视的重要指标。如果投资者买入股票时忽视安全边际，那么就算投资者买入非常优秀的公司股票，若买入的价格过高，也很难取得盈利，甚至还可能出现风险。

价值低估通常是安全边际的可靠保障。当价值被低估时，才存在安全边际或安全边际为正；当价值与价格相当时，安全边际为零；当价值被高估时，不存在安全边际或安全边际为负。

价值高估致使安全边际为负，会增加投资者的买入风险。如果投资者买入一家非常优质的公司股票，但是买入的价格过高，以至公司的价格已经被高估，甚至被严重高估，那么，投资者往往会因为买价过高而产生风险。

例如：一家非常优秀的上市公司的价值对应的价格为 20 元，而股价因短期波动上涨到 40 元，这明显是价值被高估。如果投资者在这个价位买入股票，那么就很容易因为未来股价回归价值而带来亏损。

投资者需要清醒地认识到，买入价值被高估的股票，即便是一家特别优秀的公司的股票，可能也要等待很长一段时间，公司通过价值的持续增长，才能达到与投资者买入的股价相当的水平。

价值投资者通常只对价值被低估甚至被严重低估的股票感兴趣，因为他们相信价值被低估的股票迟早会被市场上敏锐的投资者发现。投资者买入股票的价值越是被低估，股票的安全边际就越高。虽然安全边际高并不能保证投资者绝对可以避免损失，但能保证投资者获利的机会比损失的机会更多。

安全边际量或安全边际额的数值越大，说明公司价值越被低估，投资该公司发生亏损的可能性就越小，投资该公司也就越安全。

根据安全边际进行价值投资，得到的投资回报与风险不是成正比，而是成反比，即风险越低，往往回报越高。

在价值投资策略中，如果你以 8 元的价格买进内在价值为 10 元的股票，其风险大于以 5 元买进内在价值为 10 元的股票。

安全边际是价值投资中最重要的参考指标，它不但能够有效地降低投资风险,而且还能够降低因投资者预测失误而发生的风险。投资者买入股票时，如果买入股票的安全边际足够高，那么投资者通常可以在保证本金安全的前提下获取稳定的投资回报。

5.“市场先生”原则

大多数投资者都是根据股价的涨跌来决定股票买卖的。股价涨了觉得公司很好，所以就赶紧买入股票；股价跌了就感觉公司不行了，然后赶紧卖出股票。

实际上，股价的短期涨跌大都跟公司的基本面没有多大关系，只是市场情绪的反映。

“市场先生”这个故事讲的是：你和一个叫“市场先生”的人做生意，

他每天会给你提供一个报价。他情绪很不稳定，有时候他很乐观，给出的报价很高；有时候又很沮丧，报出的价格很低。

“市场先生”还有一个可爱的特点，他不介意被人冷落，他每天都会提出新的报价。对我们来说，有用的是他的报价，但也不能忽略他的情绪，因为一旦你被他的情绪控制，后果将不堪设想。

交易中，重要的不是看“市场先生”所出的价格，而是要注意他的情绪，看着他的情绪进行买卖。当他的情绪不好时就买入，当他的情绪好时就卖给他，而不用管他的报价到底是多少。

这个故事反映的是，在股市交易中，投资者要理性交易，要学会控制自己的情绪，利用市场而不是被市场利用，要把握市场运行的节奏，而不是被市场牵着鼻子走。

6. 复利的时间价值

复利堪称世界上第八大奇迹。投资者要想取得投资成功，就必须深刻地理解复利。

复利是指一笔存款或者投资获得回报之后，再连本带利进行新一轮投资的方法。复利是对本金及其产生的利息一并计算，也就是“利上有利”。

在中国30年的股票市场上，很多收益率长期稳定的优质企业的股价一直是呈上升趋势的。如果投资者能够坚持长期投资，利用好复利的力量，那么收益率将会非常可观。

比如：一位投资者以年20%的收益率进行投资，初始资金为10万元，那么他在10年后的投资收益会是什么情况呢？如表1-1所示。

表 1-1　投资收益表

时间	资金额（万元）	累计收益率（%）
第一年	12	20
第二年	14.4	44
第三年	17.28	73
第四年	20.74	107
第五年	24.89	149
第六年	29.87	199
第七年	35.84	258
第八年	43.01	330
第九年	51.61	416
第十年	61.93	519

上面计算了投资者以 10 万元初始资金投资 10 年的复利收益情况。可以看出，投资者在 10 年期间收益翻了 6 倍多，年平均收益率为 51.9%，远远高于每年 20% 的收益率，这就是复利的魅力。

复利的力量来源于两个重要因素：一是时间的长短；二是回报率的高低。两个因素不同，会使复利带来的价值增值也有很大的不同。复利条件下，时间越长，复利产生的价值增值越多。回报率具有杠杆作用，回报率的微小差异，将使长期投资价值产生巨大的差别。

价值投资就是要找到具有长期持续竞争力的优秀企业，然后买入并长期持有，耐心等待股价随着公司的成长而上涨。具有持续竞争力的优秀公司更有价值创造能力，使其内在价值稳定增长，从而使股价逐步上涨，以至让复利产生巨大的收益效果。

7. 企业“护城河”理论

企业护城河，一般是指一家公司在行业中所拥有的别的公司无法企及的核心竞争力或者独特的资源优势。

在价值投资模式中，企业护城河理论已经越来越受到投资者的重视和青睐。股神巴菲特一直将企业护城河作为挑选值得投资的企业的标准之一。

如果企业具有很深的护城河保护，那么企业就能在行业里处于优势地位，能有效地避免对手的竞争。企业护城河通常会表现在企业有过硬的产品质量、领先的技术、先进的管理等。相比那些没有护城河的企业，拥有护城河的企业更具有投资价值。

如今上市公司的数量越来越多，投资者只有分析清楚上市公司真正的护城河价值，才能让投资更加安全和稳健。

通常认为，企业的护城河有以下 8 种。

（1）无形资产护城河。无形资产主要有品牌、专利技术和政府授权等。其中，品牌优势的溢价程度非常之高，比如贵州茅台的品牌价值就非常高。专利技术和政府授权也是企业很好的护城河，比如华为在 5G 领域的很多专利技术，让华为在 5G 领域取得了丰厚的利润。再比如金融牌照，属于行业中比较难以获取的行业许可证，能拿到就意味着极高的行业壁垒。

（2）转换成本护城河。市场上转换成本护城河最经典的案例就是腾讯 QQ。腾讯 QQ 最强大的优势就是熟人关系链。对用户来说，转换成本太高，要换一种社交工具，就需要把整个关系链都迁移过去，这是相当难实现的。曾经的飞信想要争夺腾讯社交工具这块蛋糕，但最终只是昙花一现。可能很多投资者会说，微信不是成功地将 QQ 的熟人关系链转化了吗？这里需要清楚的是，QQ 和微信同属腾讯公司，也就是说它们本质都是同样的流量池。

（3）网络效应护城河。网络效应是指随着用户规模的增加，产品价值也随之增加。最有代表性的就是如今的腾讯、阿里、今日头条等互联网企业的平台效应。当用户规模达到一定程度后，就成了互联网的基础设施平台，企业就能通过平台打造更多的增值机会。

（4）成本优势护城河。成本优势主要在于企业如何做到在保证产品质量的情况下成本尽可能低，其方法有优化流程、优越的地理位置、独特的资源优势等。比如，贵州茅台酒之所以受到市场一致好评，除了公司独特的酱香酒工艺外，还在于其所处的赤水河独特的环境优势。

（5）规模优势护城河。当企业达到一定规模后，很容易产生规模效应。这里的规模不单是指公司本身的规模很大，强大的渠道优势也属于公司的规模优势。比如，海天味业公司是国内调味品行业的绝对龙头，公司通过产品、运营、渠道、品牌等，铸就了宽广的护城河。

（6）技术优势护城河。现如今已经进入科技竞争时代，技术优势的护城河越来越重要。企业一旦有高、精、尖的技术作为护城河，就会有更高的投资价值。比如，海康威视公司是我国最大的安防视频监控产品供应商，国内智能视频物联和大数据服务龙头，是目前全球科技巨头中率先通过主动架构变革来适应 AIoT（Artificial Intelligence & Internet of Things，人工智能物联网）时代碎片化特征的公司。

（7）研发能力护城河。如今社会节奏非常快，各种产品的更新迭代也非常快，如果一个企业的研发能力非常强，也能给企业带来很好的护城河保护。比如，恒瑞医药公司国内化学制药实力第一，是最有机会挑战国际医药巨头的中国医药公司，也是中国创新药行业的绝对龙头，公司强大的研发实力是公司至深的护城河。

（8）稀缺性护城河。稀缺性主要定义为不易被模仿，可以是产品稀缺性，可以是原材料稀缺性，也可以是工艺技术稀缺性。比如，片仔癀公司是国家认证的一级保护中药，具备稀缺原料麝香的使用权，是国内肝病类中药龙头企业，品牌价值跃居医疗保健胡润最具价值品牌榜第一。

这里还要提示的是，“真正的护城河”能长期创造最大价值，而且是用最高效的方式和最低的成本来创造最大价值。在当今世界，变化是一个永恒的主题，因此企业的护城河不可能永远不变。优秀公司要随着社会的发展不断地加强自身的护城河建设，这样才能在市场中长期立于不败之地。

第二节　股票价值基础知识

1. 股票面值

股票面值是指股票的票面价值，又称股票票值、票面价格，是股份公司在发行时的股票票面上所标明的每股股票的票面金额，它以“元/股”为单位。票面价格是股份公司发行股票的第一个价格，印制在票面上，其作用是用来表明每一张股票对公司总资本所占有的比例作为确定股东权利的依据。

在我国，上海证券交易所和深圳证券交易所流通的股票的面值均为每股1元。股票面值有两个作用：一是表明股票的认购者在股份公司的投资中所占的比例作为确定股东权利的依据；二是在首次发行股票时，将股票的面值作为发行定价的一个依据。

一般来说，股票的发行价格都会高于其面值。当股票进入流通市场后，股票的面值就与股票的价格没有什么关系了。股票的市场价格有时高于其票面价格，有时低于其票面价格。但是，不论股票市场价格发生什么变化，其面值都是不变的，尽管每一股实际代表的价值可能发生了很大变化。

2. 股票发行价

当股票上市发行时，上市公司从公司自身利益以及确保股票成功上市等角度出发，对上市的股票不按面值发行，而制订一个较为合理的价格来发行，这个价格就称为股票的发行价。

如果以股票的面值作为发行价，称为平价发行，此时公司发行股票募集的资金等于股本的总和，也等于面值总和。发行价格高于面值称为溢价发行，募集的资金等于面值总和的部分计入资本账户，以超过股票票面金额的发行价格发行股份所得的溢价款列为公司资本公积金。

在股票发行价格中，溢价发行或者平价发行都是允许的，但不允许以低于股票票面的价格发行即折价发行。因为一方面，这种发行价格会使公司实有资本少于公司应有的资本，致使公司资本中存在虚数，不符合公司资本充实原则；另一方面，公司以低于票面金额的价格发行股票，实际上就意味着公司对债权人有负债行为，不利于保护债权人的利益。

股票的发行价格越高，公司的发行收入就越高，发行成本也相应降低。但是，发行价格定得太高，可能会使投资人望而生畏，导致发行失败。当然，发行价格过低也不行，这将无法满足发行人的资金需求，损害原有股东的利益。

3. 账面价格

账面价格又称股票净值，也称每股净资产，是指股东持有的每单位股票在公司财务账单上所表现出来的净值，是公司会计记录所反映的每股股份价值。这个价格实际代表每股股票的净资产价值，其计算方式是：采用公司总资产减去总负债，得出净资产总额，再除以总股本，得出的就是每股的净值，即账面价格。账面价格是证券分析师和财会人员比较关注的指标。

股份公司的账面价格越高，股东实际拥有的资产就越多。由于账面价格是财务统计、计算的结果，数据较精确且可信度较高，因此其成为股票投资者评估和分析上市公司实力的重要依据之一。

4. 市场价格

股票的市场价格一般是指股票在二级市场中交易的价格。市场价格是指股票在交易过程中达成的成交价，股票转让时的即时价。市场价格变化无常，十分难以把握，任何一个微小的影响都会导致市场价格起伏波动。股价是各种决定股票供求和价格变化的因素共同作用的结果。

股市中的市场价格，是指股票在交易过程中交易双方达成的成交价。市场价格直接反映了股市的行情，是投资者购买股票的依据。

根据市场价格发生交易的时间，市场价格可以分为历史价格、当前价格和预期价格。

股票的市场价格由股票的价值决定，但同时受到许多其他因素的影响。一般来说，影响股票市场价格的因素主要有宏观因素（包括对股票市场价格可能产生影响的社会、政治、经济、文化等方面）、行业因素、公司因素、市场因素等。

5. 内在价值

内在价值又称非使用价值，就是事物本身内在固有的、不因外在于它的其他相关事物而存在或改变的价值。

股票内在价值是指股票未来收益的现值，取决于预期股息收入和市场收益率。它是股票的真实价值，也叫理论价值。巴菲特在伯克希尔 1996 年的股东手册中，对内在价值的定义有如下表述：

> 内在价值是一个非常重要的概念，它为评估投资和公司的相对吸引力提供了唯一的逻辑手段。内在价值可以简单地定义如下：它是一家公司在其余下的寿命中可以产生的现金流量的贴现值。

决定股票价格长期波动趋势的是其内在价值，即价格围绕价值上下波动。但现实生活中，股市中短期价格的波动幅度往往会超过同一时期内在价值的波动幅度，即价格偏离价值。

股票内在价值，是分析师们分析公司的财务状况、盈利前景以及其他影响公司生产经营消长等因素后，认为股票真正代表的价值。这种所谓的内在价值，在某种意义上取决于分析师或投资者个人的看法，所以可能会对同一公司得出不同的结论。计算股票的内在价值有许多方法，但都是以未来的收入折算成现值计算的。

确定股票内在价值的方法有如下 3 个。

（1）市盈率法。市盈率法是股票市场中确定股票内在价值的最普通、最普遍的方法。通常情况下，股市中平均市盈率是由一年期的银行存款利率所确定的。比如，一年期的银行存款利率为 3.65%，对应股市中的平均市盈率为 24.52 倍，高于这个市盈率的股票，其价格就被高估，低于这个市盈率的股票，其价格就被低估。

（2）资产评估值法。资产评估值法就是把上市公司的全部资产进行一遍评估，扣除公司的全部负债，然后除以总股本，得出每股股票价值。如果该股的市场价格低于这个价值，该股票价值被低估；反之，如果该股的市场价格高于这个价值，该股票的价值被高估。

（3）销售收入法。销售收入法就是用上市公司的年销售收入除以上市公司的股票总市值。如果大于 1，说明该股票的价值被低估；反之，如果小于 1，说明该股票的价值被高估。

6. 股票价值

股票价值是虚拟资本的一种形式，本身并没有任何价值，只是代表获得收入的权利，是一种所有权证书。有了这种证书，在法律上就有权索取这个资本应获得的一部分剩余价值。

股票可以在证券市场上进行买卖。股票之所以能够有价，是因为股票的持有人即股东不但可以参加股东大会，对股份公司的经营决策施加影响，还享有参与分红与派息的权利，获得相应的经济利益。同理，凭借某一单位数量的股票，其持有人所能获得的经济收益越大，股票的价格相应地也就越高。

7. 股票的清算价格

股票的清算价格是指股份公司破产或倒闭后进行清算时每股股票所代表的实际价值。从理论上讲，股票的每股清算价格应与股票的账面价值一致，但公司在破产清算时，其财产价值是以实际的销售价格来计算的，而在进行财产处置时，其售价一般都会低于实际价值。所以，股票的清算价格就会与股票的净值不一致。股票的清算价格，只是在股份公司因破产或其他原因丧失法人资格而进行清算时，才被作为确定股票价格的依据，在股票的发行和流通过程中没有意义。

第三节　股票价格与价值的关系

1. 股价的组成

在股票市场上，如果想要用价值投资策略来做交易，那就需要投资者能够有效分析股票的真实价值，并保持良好的心态。

很多投资者经常会发现，公司股价和公司价值的变化并不匹配，这时他们就会怀疑，价值投资是否有用？其实，这主要是因为不同投资者对价值的分析和判断存在差异造成的。这种差异主要来自不同的投资者选择不同的分析逻辑、分析模型和分析数据。

同时，不同投资者对股票价格波动所反映出来的心态也有很大差异，因此，经常会造成投资者对价格波动做出不同的交易决策，从而加大股票价格的波动。

价值投资大师格雷厄姆认为，内在价值是影响股票市场价格的两大重要因素之一，另一个因素则是投机因素。价值因素与投机因素相互作用，使股票市场价格围绕股票的内在价值不停地波动。价值因素只能部分影响市场价格。价值因素是由公司经营的客观因素决定的，并不能直接被市场或交易者发现，这需要投资者通过大量的分析，才能在一定程度上近似地确定，并通过投资者的感觉和决定间接地影响市场价格。市场投机因素往往受到市场情绪的影响。所以，公司股价的估值一般是由“公司内在价值”和“市场情绪”两个因素共同组成的。

（1）公司内在价值：股票的内在价值包含了公司固定资产和众多无形资产，公司内在价值包含了一切支撑公司未来业绩持续增长的因素。

（2）市场情绪：市场情绪对股价波动影响较大，主要是由人性贪婪和恐惧引起的。当股价上涨时，市场投资者总是会表现出贪婪的特性，追涨买入，从而导致股价高于公司的内在价值；当股价下跌时，市场投资者总是会表现出恐慌的情绪，杀跌卖出，从而导致股价低于公司的内在价值。

很多投资者可能会参考股票的内在价值买入股票，但是股价在实际波动中会导致不同的投资者产生不同的情绪变化，从而做出不同的买卖决策，使得股票价格的波动加剧。所以，公司股票的价格通常是公司的“内在价值”和“市场情绪”共同作用的结果。

2. 股票价格与公司价值的关系

理论上说，股票的价格应当与公司的价值相匹配。但在实际运行过程中，价格总是会偏离价值而上下波动，因此价格与价值之间一直处于动态变化之中。

知道股价是由公司内在价值和市场情绪共同组成，那么股票价格的涨跌和公司内在价值之间的关系是怎样的呢？

德国著名投资大师安德烈·科斯托拉尼提出的“遛狗理论”，很好地诠释了经济与股市的关系：有一个男子带着狗在街上散步，这狗先跑到前面，再回到主人身边，有时候却又落在主人后面。接着，又跑到前面，看到自己跑得太远，又折回来。整个遛狗过程，狗就这样反反复复。最后，他俩同时抵达终点，男子悠闲地走了 1 公里，而狗走了 4 公里。男子就是经济，狗则是证券市场。

股市中价值和价格的关系就像是遛狗时人和狗的关系，股票价格是狗，主人就是公司的内在价值。价格有时高于价值，有时低于价值，但迟早会回归价值，即价格围绕价值上下波动。

股价的变化与内在价值的关系如下。

（1）短期股价走势。公司短期的股价走势是由市场投资者的情绪化交易引起的。当然，市场投资者交易情绪的变化包含了技术走势引起投资者做出的交易决策。在公司股价短期走势中，股价可能会因为投资者的情绪化交易行为而出现剧烈波动。

（2）长期股价走势。公司长期的股价走势是由公司盈利能力变化主导的，公司内在价值增长或减少，从而推动公司股价长期走势的变化。在公司股价长期走势中，股价通常会沿着公司内在价值变化的方向逐渐运行。

（3）公司的内在价值就像一条中轴线，股票价格围绕内在价值这条中轴线上下波动。在理想情况下，公司盈利能力变化的方向，通常就是股价偏离这条中轴线的趋势方向。当公司盈利能力趋好时，价格就偏离中轴线向上波动；当公司盈利能力趋坏时，价格就偏离中轴线向下波动。

（4）短期股价与基本面相关性不大，长期股价与基本面必定正相关。股价短期走势主要受市场投资者情绪的影响，投资者对行情走势保持的乐观或悲观情绪，致使资金流入或流出，从而引起股价短期内的大幅波动。只有少数情况下，股价短期大幅波动是因为公司基本面的利好或利空消息影响的。

股价长期走势通常是围绕公司价值中轴线波动，根据公司的盈利能力情况按趋势方向运行。

3. 股票价格与价值的钟摆理论

价值投资大师本杰明·格雷厄姆在《聪明的投资者》一书中写到："市场就像一只钟摆，永远在短命的乐观和不合理的悲观之间摆动。聪明的投资者就是现实主义者，他们向乐观主义者卖出股票，并从悲观主义者手中买进股票。"

价格和价值之间的关系就好比一个古老的摆动式时钟，随着市场中投资者的情绪变化，不断在高估和低估之间来回摆动，周而复始，循环不歇。钟摆总是围绕一个中心值在一定范围内进行有规律的摆动，所以被称为钟摆理论。

钟摆理论是价值投资获得超额收益的理论基础，股价长期与业绩正相关，但中短期会围绕业绩上下波动，所以投资者在低估时买入、高估时卖出就可以获利。

美国著名投资大师霍华德·马克斯在他的《投资最重要的事》中这样谈到钟摆理论："证券市场的情绪波动类似于钟摆运动。虽然弧线的中点最能说明钟摆的'平均'位置，但实际上钟摆停留在那里的时间非常短暂。相反，钟摆几乎始终在朝着或者背离弧线的端点摆动。但是，只要摆动到接近端点，钟摆迟早必定会摆回中点。事实上，正是朝向端点运动本身为回摆提供了动力。"

在股票市场中，价格波动也遵循钟摆式摆动。

（1）市场投资者的情绪随着股价的波动总是处于兴奋与沮丧之间。理论上，投资者在交易中表现出来的贪婪与恐惧属于钟摆的两个极端，但大多数时候钟摆都处于两级之间，它在中点停留的时间并不长。这在股票价格和价值的关系中反映出，通常情况下，股价总是会被市场高估或者低估，极少时候股价能够短暂地停留在合理的价值范围内。

（2）钟摆不可能永远朝向某个端点摆动，或永远停留在端点处。当钟摆的摆幅越大的时候，市场投资者的情绪通常越极端化。但是，钟摆不会永远停留在极端处，它会随着极端情绪的消耗而再度向中点摆动。运用在股票价格与价值的关系中，就是股价不会永远只被高估或者低估，总是会在高估与低估之间向着公司内在价值这一中轴线来回摆动。

（3）钟摆从端点摆回中点的速度通常更快。当钟摆从端点向中点摆动时，比从中点向端点摆动的时间要短得多。表现在股价上，通常就是股价在上涨阶段时通常需要花费较长的时间，而当股价下跌时，通常会在很短的时间内就完成下跌。

为什么会出现这样的情况呢？主要是钟摆从中点摆向端点时，由于自身重力和阻力的作用，速度会越来越慢；当钟摆从端点摆向中点时，由于重力和加速度的作用，速度会越来越快。反映在股市中，就是当股价在上涨阶段时，市场投资者情绪乐观，逐渐加码买入，从而推动股价持续上涨；当股价开始下跌时，这些获利的投资者情绪开始变得悲观，从而纷纷抛售股票，使得股价加速下跌。

钟摆理论表明，在投资中一定要清楚，市场不会永远都上涨，也不会永远都下跌。当股价上涨到一定程度后，一定会出现修正并开始下跌。也就是说，当股价被高估的时候，市场一定会出现价值修复，从而使得股价下跌。同样，当股价下跌到一定程度后，一定会出现修正并开始上涨。也就是说，当股价被低估的时候，市场也一定会出现价值修复，从而使得股价上涨。

投资者在运用钟摆理论时通常会犯一个错误，就是在以低估的股价买入后，盼着股价立刻上涨。股价低估是因为市场的非理性，但市场不会在你买入后立刻就变得理性了，所以投资者要耐心等待市场慢慢回归理性，切莫走向非理性的另一个极端。

第四节　影响股票价值投资的因素

对于价值投资策略来说，当价值投资者买入上市公司的股票后，实质上就相当于投资者拥有了一家公司的部分股权。投资者在买入上市公司的股票之前，通常要评估这家上市公司的市场价值。

如果投资者想要成功地进行投资，其实不一定要懂得太多大的市场环境和技术理论等，只要知道如何评估公司的价值，如何思考市场价格与公司价值之间的关系就够了。当然，这里并不是说投资者就真的不需要了解大的市场环境和技术理论，只是在价值投资交易中，了解大的市场环境和技术理论会是加分项，而非必备项。

价值投资是相对于风险投资而言的，是基于价格围绕价值上下波动而产生的低买高卖的投资行为，以及追求长远价值预期和价值实现而分享资产长期增值中的利益，并非短期炒作行为。

价值投资是一种已经在发达国家股票市场中证明行之有效的投资理念，并且在国内股票市场中也正在被证明有效。总之，实践证明，价值投资是一种十分正确的投资方法和策略。

市场上，为什么大多数人谈股色变？为什么大多数人认为炒股是一种高风险的投资行为？其根本原因在于，国内股市有些规则不健全，管理与监控有时不到位，个别公司治理薄弱，部分上市公司可持续发展理念不清晰，等等，这些因素造成市场投资者对价值投资理念的不信任和不认可。

股市中投资者的主要目的是为了赚钱，而很多投资者发现，许多看着很有价值的股票总是不涨，一些垃圾股却一涨再涨。因此，这些投资者宁可进行短期的投机交易，也不愿意进行价值投资。

近几年，随着国内金融制度的不断完善，价值投资策略的有效性逐渐凸显出来。从股价上涨的持续性和带来的收益率来看，具有高价值的公司给股价带来的安全性和上涨的持续性也在大大增加。因此，如果投资者能以价值投资策略买入并持有股票，其收益率也会大大增加。

做价值投资最重要的是要明白影响股票价值投资的因素，只有明白了这些影响因素，才能提高价值投资的成功概率。根据本杰明·格雷厄姆的经典投资著作《证券分析》一书中阐述的价值投资原理，影响上市公司股票价值投资的因素主要有 5 个。

1. 公司的盈利能力

公司的盈利能力是指公司获取利润的能力，也称公司的资金或资本增值能力，它反映公司整体经营状况和每股获利能力。它通常表现为一定时期内公司收益数额的多少及其水平的高低，主要指标是公司的边际利润率、净利润和每股盈利水平。公司盈利能力指标越高越好，有价值的公司，盈利能力应是持续稳定增长的，并且每年的盈利增长率高于本年生产总值的增长率。

2. 资产价值

资产价值主要以上市公司的资产净值衡量，公式为：净资产 = 总资产 - 负债。资产价值是资产总值中剔除负债的剩余部分，是资产的核心价值，可反映公司资产的营运能力和负债结构。

合理的负债比例体现了公司较好的资产结构和营运效率，较高的资产负债比例反映了公司存在较大的财务风险和经营风险。这里需要提示的是，合理的负债比例，需要注重的是“合理”，并不是说负债比例越低越好，或者负债比例越高越好。如果上市公司的负债比例太低，那么就可能存在资产沉淀和资产运营效率不高的问题。如果上市公司的负债比例太高，那么就说明公司可能存在较大的财务风险和经营风险。

3. 分红派息比例

分红派息是指公司在弥补以前年度亏损、提取法定公积金及任意公积金后，将剩余利润以现金或股票的方式，按股东持股比例或按公司章程规定的办法进行分配的行为。

股份公司经营一段时间（一般为 1 年）后，如果运营正常，产生了利润，就要向股东分配股息和红利。其交付方式一般有 3 种：第一种以现金的形式向股东支付，这是最常见、最普通的形式；第二种是向股东配股，采取这种方式主要是为了把资金留在公司里扩大经营，以追求公司发展的远期利益和长远目标；第三种形式是实物分派，即把公司的产品作为股息和红利分派给股东。

合理的分红派息比例反映了公司良好的现金流状况和业务前景，也是优质蓝筹股的重要标志。优质资产的派息率应持续稳定，并且高于银行同期存款利率，公司发展与股东利益并重。

分红派息率过低，说明公司业务缺乏竞争力，股东利益没有保障，股票无吸引力。分红派息率不稳定，并且突然派息率过高，反映出公司缺乏长远打算或业务前景不明朗。

4. 市盈率

市盈率，也称“本益比”“股价收益比率”或“市价盈利比率”，是指股票价格除以每股盈利的比率。

市盈率是最常用来评估股价水平是否合理的指标之一。市盈率反映了在每股盈利不变的情况下，当派息率为 100% 时及所得股息没有进行再投资的条件下，经过多少年投资者的投资可以通过股息全部收回。

市盈率是检验公司价值的重要指标。其中，静态市盈率体现公司的现有价值，动态市盈率反映公司的预期价值。

市场上广泛谈及的市盈率通常指的是静态市盈率，通常作为指标用来比较不同价格的股票是否被高估或者低估。用市盈率衡量一家公司股票的质地，并非总是准确的。

一般认为，如果一家公司股票的市盈率过高，那么该股票的价格具有泡沫，价值被高估。当一家公司增长迅速并且未来的业绩增长非常看好时，股票目前的高市盈率可能恰好准确地估量了该公司的价值，这就要分析其动态市盈率。需要注意的是，利用市盈率比较不同股票的投资价值时，这些股票必须属于同一个行业，因为此时公司的每股收益比较接近，相互比较才有参考意义。

影响市盈率的因素是多方面的，有公司盈利水平、股价、行业吸引力、市场竞争力和市场成熟度等。每股盈利高，反映市场投资的盈利回报就高。如果市场相对规范和成熟，那么市盈率表现相对真实、客观，即股价对资产价值的表达相对合理，反之则为非理性表达，泡沫较大。同时，市盈率也反映市场对公司的认同度，如果公司业务具有行业垄断、经济专利和较强的竞争力，那么市场吸引力较高，可支撑相对较高的市盈率，即股价相对会较高。

5. 安全边际

股票价格低于资产内在价值的差距称为安全边际。内在价值是指公司在生命周期中可产生现金流的折现价值。

只有当价值被低估的时候，才存在安全边际或安全边际为正。当价值与价格相当的时候安全边际为零，当价值被高估的时候，不存在安全边际或安全边际为负。价值投资者只对价值被低估特别是被严重低估的对象感兴趣。安全边际不保证能避免损失，但能保证获利的机会比亏损的机会更多。

短期资产价值，通常以资产净值衡量。买股票时，若股价大幅低于每股的资产净值，则认为风险较低。若低于计算所得的资产内在价值较多，则安全边际较大，当股价上涨时可获得超额回报，扩大投资收益，并可避免市场短期波动产生的风险。

价值投资着眼于公司长远利润的增长和生命周期的持续，从而进行长期投资，以获得股东权益的增值。股东权益的增值来源于经营利润的增长，长期看，股票价格的增长应反映公司的价值前景和经营利润；短期看，股票价格会受各种因素影响而波动。

第五节　选择价值投资的重要性

1. 投机交易让稳定盈利困难重重

近几年的券商大数据显示，大多数能够稳定赚钱的散户投资者，基本上都是选择非常优质公司的股票，然后中长期持有（这里的中长期持有不包含因长期套牢而被动长期持有的情况），而绝大多数长期做短线投机交易的散户投资者处于亏损状态。

以前股市中流行一句话叫“在股市交易中，散户投资者基本上是七亏二平一赚”，现在更是流行这样一句话，即“在股市交易中，散户投资者十个之中九个亏”。从这句话中能够很直观地体现出在目前的股市交易中，普通投资者处于多么弱势的境地。

为什么会有那么多的散户投资者处于亏损状态呢？其原因可能有很多，但是绝大多数散户投资者都有一个通病，那就是“频繁交易，追涨杀跌”。

（1）频繁交易。

频繁交易往往会导致投资者多做多错。有时候因为一段时期行情很好，或者运气很好，有些投资者会在一段时期的频繁交易中收益率和正确率都很高。但是，频繁交易要想长期保持高成功率是非常困难的，往往是10次成功的短线交易，却被一次错误的交易吞噬掉前面所有的利润，甚至还会吞噬掉部分本金。所以，频繁交易是造成多数散户投资者交易亏损的主要原因之一。

频繁交易是大多数散户在成长路上的必经之路，因为多数散户投资者在某一阶段都会出现控制不住想要交易的冲动心理。笔者在早期交易中也经常会陷入频繁交易的困境，每天都想交易，如果不交易就会感觉浑身不自在。经常是两三个月的操作一直非常好，但是会被一两周的交易错误将利润吞噬殆尽。笔者接触的散户投资者，绝大多数都存在这样的情况。所以，在散户交易中，频繁交易属于普遍现象，也是造成散户亏损的重要因素之一。

（2）追涨杀跌。

追涨杀跌是大多数投资者都非常喜欢的操作模式，也是造成投资者亏损的另外一个重要原因。简单来说，就是看着股价快速涨起来了就追着去买，看着股价快速跌下去了就追着去卖，根本不考虑股价涨跌的内在原因，其内心只是随着股价波动而波动。

市场上很多投资者都在抱怨说，庄家好像就盯着他们手中的这点筹码一样，经常是他们刚买了股票，股价很快就下跌；当他们卖出股票之后，股价很快就上涨。追涨杀跌的操作往往让投资者买在高位，卖在低位。投资者追涨杀跌，主要是因为他们对行情的整体走势缺乏比较清晰的判断。

其实，频繁交易和追涨杀跌是投机交易中十分常见的现象，因为投机交易本身就是以短时间内获取超额收益为目的的。要想短时间内获得超额收益，投资者就要寻找那些近期比较活跃的股票，或者短时间内暴涨暴跌的股票来操作。这种股票的特点往往是涨得快跌得也快，正所谓高收益伴随着高风险。如果投资者操作成功，那么短期收益就会比较可观；同样，如果操作失误，那么短期亏损也会比较严重。

短线投机交易更加注重技术分析，因而很多投资者不辞辛苦地学习各种技术分析理论，刻苦钻研技术分析方法。他们往往研究了一大堆战法模式，但依然无法稳定获利。其原因在于，他们没有搭建好符合自己操作风格且能保持稳定盈利的交易系统。有些投资者可能构建了一套符合自己操作风格的交易模式，但又很难果断执行，最终导致交易系统失效。

2. 价值投资能长期持续带来收益

巴菲特曾说："每个价值投资者的投资业绩都来自利用公司股票市场价格与其内在价值之间的差异。"价值投资以高收益和低风险持续战胜市场。

在美国，价值投资理论已经具有近百年的历史，价值投资模式也已经非常成熟。在中国，价值投资起步较晚，毕竟中国股市设立也只有30多年。长期以来，国内股市中绝大多数投资者都是以短期的投机交易为主。随着这些年中国金融市场对外开放政策逐渐放宽，越来越多的国外投资者进入中国市场，为中国金融市场的价值投资模式带来了新思维。

外国投资者，尤其是发达国家投资者，多数是以价值投资为主。因此，当国外投资者进入中国市场后，逐渐将价值投资模式运用到中国的股市中，并且通过价值投资获得了丰厚的利润。

随着国外投资者在国内股市中成功实践价值投资模式，国内机构投资者对价值投资模式也越来越重视。

其实，国内市场以前也有一些注重和坚持价值投资的机构投资者，并且这一批坚持价值投资的机构投资者，通过价值投资模式在股市中获利丰厚。受到国外和国内价值投资成功实践的影响，近几年越来越多的机构投资者重视和认可价值投资。

在10多年前的国内股市中，能够坚守价值投资的个人投资者是非常少的。很多个人投资者都是短期投机交易者，在他们心里，根本就没有价值投资的概念，只想在短时间内通过股价波动快速赚取利润。但事实证明，这种投机交易的结果都是让人失望的，大都处于亏损状态。

有一部分投资者经历长期亏损后，冷静下来进行深度思考，并经过学习和研究，发现价值投资模式对股票投资的安全性和收益性都具有很高的可操作价值，从而使一部分投资者转变思维和交易方式，逐渐开始使用价值投资策略。

市场上有一批牛散投资者，他们绝大多数都是价值投资的践行者。之所以被称为“牛散”，是因为他们时常都是大资金交易，并且交易后的成功率和获利率都非常高，他们的交易行为经常会引来一些市场投资者的关注和跟投。

就目前来看，不管是机构投资者还是个人投资者，都越来越重视价值投资，说明国内的价值投资已经开始快速发展。

为什么价值投资会受到越来越多的机构投资者和个人投资者重视呢？价值投资究竟有什么诀窍，能够让投资者长期稳定盈利？

价值投资的本质在于，寻找价格与价值之间的差异，当价格低于其价值时买入并持有股票。价格与价值的规律是价格围绕价值上下波动，因此，当价格低于其实际价值时，投资者买入股票，等价格回归价值后再卖出股票，从而获得利润。当股票的价格低于其价值时，价值就成为价格的护城河，能够保障股价的安全。当投资者以价值投资策略买入股票后，其资金的安全能得到很大的保障。

投资最重要的是，在保障资金安全的情况下追求最大利润。价值投资策略能够给资金安全提供较好的保障。当低估的价格进行价值修复时，投资者就能获得较好的收益。如果公司的价值在增长，那么股价通常也会随之增长。因此，投资者使用价值投资策略，除了能够获得价值低估时进行修复所产生的利润，往往还能获得价值成长带来的利润。

有些投资者可能会觉得使用价值投资策略后，持有股票的周期很长，会降低资金的使用效率，甚至可能降低买卖股票的收益率。其实，经过多年的价值投资研究和实践证明，价值投资虽然时间周期较长，但是收益率一点不比短线投机交易的收益率低，相反，价值投资往往具有超高额的收益率。

在短线投机交易中，大多数投资者买入股票获利后，可能会在股票价格上涨 10%～20% 就会卖出股票，少数投资者恰巧碰到强势股时，股价上涨 30%～40% 再卖出股票。其实，很多的投资者经常获利不到 10% 就卖出了手中的股票。

在价值投资策略中，大多数投资者买入股票后会长期持有，短期的盈亏波动不会改变他们的持股决心。当他们买入的股票获利后，他们不会因为短期获利而卖出股票，而是先看公司的基本面有没有发生变化，价格与价值是否合理，价值是否存在高估，等等。如果价格持续上涨，但是价值依然被低估，那么投资者会继续持有股票，直到价格与价值趋于一致才会卖出股票。在实践中，投资者往往会看到价值投资策略的执行者经常获利翻倍，甚至翻 10 倍或几十倍。

第二章　基本面价值分析

基本面分析是价值投资最重要的一部分，只有将基本面分析得清清楚楚、明明白白，公司是否具有投资价值才能自然而然地展现在大家的眼前。

第一节　基本面分析概述

在股市交易中，很多投资者都听说过股票基本面分析，但绝大多数投资者不知道基本面分析究竟是什么，也不知道应该怎样进行基本面分析，更不明白基本面分析对实际交易股票到底有什么作用。

1. 基本面分析的含义

基本面分析又称基本分析，是以股票内在价值为依据，着重分析影响股票价格及其走势的各项因素，以此决定投资何种股票及何时购买。通俗地讲，基本面分析就是投资者通过分析股票的基本面，实现在好的时间以好的价格买到好的股票的交易方法。

基本面分析就是抛开股票的技术面，用统计资料、经济指标、动态指标等，从研究宏观经济开始，逐步对整个微观经济层面进行探究。股票市场基础分析主要侧重研究和分析公司股票的基本面因素，如宏观经济、行业背景、公司经营能力、财务状况等，试图从公司角度找出股票的“内在价值”，从而与股票市场价格进行比较，挑选出最具投资价值的股票。

基本面分析的前提假设是：股票的价格是由其内在价值决定的，虽然价格受政治的、经济的、心理的等诸多因素的影响而频繁变动，很难与价值完全一致，但总是围绕价值上下波动。

2. 基本面分析的重要性

基本面分析方法主要是把对股票的分析研究重点放在它本身的内在价值上，股票价值在市场上所表现的价值往往受到很多因素的影响。某只股票可能因为某种利好因素使得市场投资者争相买入，从而价格大幅上涨，股票价值出现高估；同样，也可能因为某种利空因素使得市场投资者争相卖出，从而价格大幅下跌，股票价值出现低估。但是，无论股票价格出现短期的高估还是低估，最终股票价格都会回归价值，围绕价值上下波动。

股票价值能最为真实和理性地反映上市公司的真实情况，股票价格可能会因为短期的利好或利空因素，或者人为操纵因素而出现虚高或者虚低，但市场冷静后，价格势必会朝着价值回归。通过分析股票基本面探求股票的合理价值在哪里，股票价格处于高估、低估还是合理，以此来决定操作策略，会使交易更加稳健和安全。理性的投资者更应根据股票价格与价值的关系进行投资决策。

3. 基本面分析的两个方面和 4 项重要内容

（1）基本面分析的两个方面。

①宏观：研究一个国家的财政政策、货币政策、行业政策等，通过科学的分析方法，找出市场的内在价值，并与市场实际价值作比较，从而挑选出最具投资价值的股票。

②微观：研究上市公司经济行为和相应的经济变量，为买卖股票提供参考依据。

（2）基本面分析的 4 项重要内容。

①整体政治环境分析。

政治环境分析是指对股票市场发生直接或间接影响的政治方面的原因，如国际政治形势、政治事件、国家之间的关系、重要的政治领导人变换等，这些都会对股价产生巨大的、突发性的影响。这是基本面分析中应该考虑的一个重要方面。

政治环境对金融市场具有重要的影响，良好的政治环境能够促进金融市场的发展，恶劣的政治环境则会拖累金融市场的发展。

不管是在国内还是国际政治环境中，政治局势的变动都会影响金融市场。如果某国出现暴乱、战争，或者国际关系恶化，都会对经济发展带来一定的影响，从而拖累金融市场的发展。如果某国国际关系稳定，国内和谐稳定，则会促进经济发展，从而促进金融市场良性发展。

进行证券市场交易时，有必要分析国际政治环境。

②整体宏观经济分析。

从根本上说，股市走势的变化是由一国经济发展水平和经济景气状况决定的，股市价格波动很大程度上反映宏观经济状况的变化。股市的走势与经济周期在时间上并不完全一致，股市的变化通常要超前一些，因此股市价格被称为宏观经济的晴雨表。

股市是金融市场的重要组成部分，金融是现代经济的核心，是资源配置和宏观调控的重要工具，更是推动经济社会发展的重要力量。邓小平同志1991年视察上海浦东时就曾指出："金融很重要，金融是现代经济的核心。金融搞好了，一招棋活，全盘皆活。"金融是经济的血脉，有了金融"血液"的滋养，经济就会平稳健康，充满生机。

2019年2月22日，习近平在中央政治局第十三次集体学习时指出："金融活，经济活；金融稳，经济稳。经济兴，金融兴；经济强，金融强。经济是肌体，金融是血脉，两者共生共荣。"这指明了经济和金融的关系。

所以，研究和分析宏观经济发展状况，对证券市场有着重要的指引作用。

③整体板块及行业动态分析。

行业在国民经济中地位的变更，行业的发展前景和发展潜力，新兴行业带来的冲击，上市公司在行业中所处的位置、经营状况、资金组合的改变，以及领导层的人事变动，等等，都会影响相关股票的价格。

上市公司所处行业的运行处于哪个阶段，行业政策如何，都会对上市公司的股价造成重要影响。如果上市公司所处行业处于成长期，并且有较多的利好政策扶持，那么上市公司的未来发展就会比较好，容易受到投资者的青睐。比如，前两年新能源汽车行业快速发展，国家政策大力扶持，各种利好政策相继出台，市场需求大增，使得相关行业获利能力增强，相应地，上市公司的股价也表现较好。

④上市公司自身情况分析。

上市公司自身的情况是影响股价最直接也是最重要的因素。对于具体的个股而言，影响其价位高低的主要因素就是公司本身的内在素质，包括财务状况、经营情况、管理水平、技术能力、市场大小、发展潜力等。

基本面分析主要是从股票自身价值方向进行分析，对于中长期投资来说分析意义较强，对于股票价格短期波动的指导意义较弱，上市公司出现突发因素除外。

第二节　政治环境分析

政治环境是世界各政治体系存在和从事政治活动、进行政治决策的背景条件的总和，是各种不同国内和国际政治因素的综合反映。诸如国内危机，国际政治关系冲突，国际大国的政权更替，针对商业的恐怖主义行动，以及国家之间在特殊地区的冲突或战争，这些问题可能偶尔发生，也可能经常发生。

从世界历史上看，人类在历史的发展进程中存在不断的政权更替。尤其是近几十年，随着世界经济和科技的快速发展，整个世界的格局和安全也在不断地复杂化。各国政治博弈引发的冲突时有发生，并且世界很多地区处于战争动乱状态。政治环境的和平与动荡，会对经济产生重大影响，因此投资者要对政治环境进行深入分析和研究。

政治与经济是紧密联系的，政治环境的好坏影响到宏观经济形势。从国际来看，如果发生较大影响的国际政治活动，通常会对国际经济形势产生较大影响，从而引发股价波动。从国内来看，如果国家对方针政策进行调整，或是出台较有影响力的经济政策或相关法律，那么就会对股价产生明显的影响。

对股市造成影响的政治环境主要包括国内的政治环境和国际的政治环境。

1. 国内政治环境对股市的影响

国内政治环境分析，主要分析国内政局和国内市场政策环境。国内政局安定，政策宽松，必然促进经济繁荣，人民安居乐业，市场需求增长，也能为公司发展创造更多机会。

如果上市公司处在稳定的国内政局和宽松的市场政策环境中，那么会有更好的发展空间和发展机会，会有持续快速发展的动力，也能促进公司股票上涨。

如果上市公司处在不稳的国内政局和紧缩的市场政策环境中，那么上市公司的发展会受到很大影响，发展缓慢甚至停滞或者倒退，从而不利于公司股票上涨。

2. 国际政治环境对股市的影响

国际重大政治事件的发生会直接导致股价出现明显的波动，投资者可以根据不同的政治形势来判断相关上市公司的股票价格走势，从而采取相应的投资策略。

（1）国际政治局势。

目前，国际经济一体化，国际形势复杂化，大国之间政治博弈、经济博弈越发明显，区域国家竞争加剧，部分地区国家之间冲突不断，使得国际政治形势时刻都在发生变化。国际局势的变动，时刻影响着生产、贸易和消费等各种经济活动。

国际政治局势不明朗会对投资市场产生较大影响，当国际政治局势出现恶化时，投资者通常不愿意进行投资。大多数投资者都属于风险厌恶型，因此，政治局势不稳定时，投资市场也会变得疲弱。

（2）国际关系。

如今的世界各国早已相互作用，密切关联。越是大国之间的关系就越重要，并且也越复杂。如何处理好国际关系，是一个严峻的挑战。

各国的政策环境不同，发展道路或思路不同，各国的经济发展水平也不同，因此，处理国际关系时，很难把握好处理关系的技巧和尺度。国际关系的改善和稳定，有利于经济的发展。如果国际关系恶化，就会对经济发展造成负面影响。

比如，在美国同中国打贸易战时，两国贸易关系一度出现紧张，国内股市一度出现恐慌性下跌，这就是国际关系紧张影响股市走势最为直接的体现。

稳定且良好的国际关系会促进股市的稳定和繁荣，有利于股市的上涨；紧张或恶化的国际关系则会导致股市出现恐慌性波动，不利于股市的上涨。

（3）战争。

战争对股市及股价也有较大影响。有长期性的影响，也有短期性的影响。有利好的方面，也有利空的方面。

战争会促使军工行业的兴起，凡是与军工有关的上市公司股票会受利好刺激而上涨。战争会使人们的避险情绪上升，黄金作为避险品种，价格会上涨，正所谓“大炮一响，黄金万两”，战争会刺激黄金相关的上市公司股票上涨。

但对于大多数上市公司而言，战争会导致生产、运输、销售困难，从而使大多数公司利润降低，因此战争会导致大多数股票走弱。

比如 2022 年 2 月，俄乌（俄罗斯与乌克兰）冲突爆发，导致世界各国政治和经济关系紧张，一时间全球股市普遍大幅下跌。但是，作为避险品种的黄金和战略资源品种的原油等资源类产品却持续大涨。

（4）政权变动。

政权的转移和领导人的更替，古往今来时常发生，每一代政权执掌人都有各自的特性和执掌风格。政权的转移或领导人的更替，都会对未来市场经济和市场政策造成一定的影响。

如果政权执掌人非常重视发展良好的国际关系，那么进出口贸易就更容易获得有利条件，相关的上市公司也更容易获得快速发展，相应地，上市公司的股票也更容易上涨。如果政权执掌人不重视发展国际关系，甚至阻挠发展国际关系，那么进出口贸易就会受到遏制，相关的上市公司发展就会受阻，相应地，上市公司的股票就会易跌难涨。

如果政权执掌人非常重视国内经济的发展，那么就会给国内市场提供更加宽松和有利的市场环境和相关政策，使公司获得快速发展，从而有利于上市公司股票的上涨。如果政权执掌人只注重政权斗争而忽略经济发展，那么就容易让国内经济出现紧张，致使公司发展缓慢，不利于上市公司股票的上涨。

第三节　宏观经济分析

宏观经济分析方法是以整个国民经济活动作为考察对象，研究各个有关的总量及其变动，特别是研究国民生产总值和国民收入的变动及其与社会就业、经济周期波动、通货膨胀、经济增长等之间的关系。宏观经济分析又称总量分析或整体分析。

宏观经济分析的方法有总量分析法与结构分析法。

总量分析法是指为了说明整个经济的状态和全貌，对影响宏观经济运行总量指标的因素及其变动规律进行分析。

结构分析法是指对经济系统中各组成部分及其对比关系变动规律的分析。结构分析侧重对一定时期经济整体中各组成部分相互关系的研究。

总量分析和结构分析的相互联系：总量分析需要结构分析来深化和补充，结构分析需要服从总量分析的目标。

1. 分析宏观经济形势基本指标对股市的影响

（1）国内生产总值对股市的影响。

国内生产总值是指一个国家（或地区）所有常驻单位，在一定时期内生产的全部最终产品和服务价值的总和，常被认为是衡量国家（或地区）经济状况的指标。国内生产总值是按市场价格计算的一个国家（或地区）所有常住居民在一定时期内（一般按年统计）生产活动的最终成果。

国内生产总值是反映一国经济实力的综合指标。国内生产总值发展的好坏对股市具有重大的影响。当国内生产总值呈现良好的增长时，说明宏观经济综合状况较好，投资者会对未来经济发展产生良好的预期，因此就会看好股市，选择加大投资，从而推动股市行情上涨。相反，如果国内生产总值增长放慢或者下降，说明宏观经济状况较差，投资者对未来经济的发展就会变得悲观，因此就会看空股市，选择缩减投资，甚至放弃投资，从而导致股市行情下跌。

（2）经济增长率对股市的影响。

经济增长率是指国民收入的增长率，尤其是国内生产总值的增长率。经济增长率大小意味着经济增长的快慢，意味着提高人民生活水平所需的时间长短。

经济增长率是末期国民生产总值与基期国民生产总值的比较，以末期现行价格计算末期国民生产总值，得出的增长率是名义经济增长率。以不变价格（即基期价格）计算末期国民生产总值，得出的增长率是实际经济增长率。在量度经济增长时，一般都采用实际经济增长率。经济增长率也称经济增长速度，它是反映一定时期经济发展水平变化程度的动态指标，也是反映一个国家经济是否具有活力的基本指标。

当经济增长速度过快时，会引起经济过热现象，明显反应是消费品价格和各种费用大幅上涨，导致通货膨胀率上升。政府为了稳定因经济过热而导致通货膨胀，会采取必要的措施以抑制经济的过热情况。通常使用的调控措施有利率政策、税收政策、财政政策和汇率政策等。

如果经济增长率高，那就说明社会经济发展速度快，社会剩余资金会增加，上市公司的发展速度较快，盈利能力也会较强，市场投资者对未来经济发展看好，同样也看好股市，愿意扩大投资，从而推动股市上涨。

如果经济增长率低，那就说明社会经济发展速度缓慢，社会剩余资金会减少，上市公司的发展速度也会减缓，盈利能力会降低，市场投资者会对未来经济的发展表现悲观,同时不看好股市,选择收缩投资,容易导致股市下跌。

（3）固定资产投资对股市的影响。

固定资产投资是指固定资产再生产活动，包括建造和购置固定资产的经济活动，其在生产过程中是被部分消耗的。固定资产投资是以货币形式表现的，公司在一定时期内建造和购置固定资产的工作量以及与此有关的费用变化情况，包括房产、建筑物、机器、机械、运输工具，以及公司用于基本建设、更新改造、大修理和其他固定资产的投资等。

固定资产投资额是以货币表现的建造和购置固定资产活动的工作量，它是反映固定资产投资规模、速度、比例关系和使用方向的综合性指标。

管理层经常会在市场经济环境不好的时候，通过加大基础建设投入带动经济发展，这样做主要是因为基础建设涉及的产业链比较广，能够有效带动很多产业链的发展。

如果固定资产投资增加，就会导致需求增加，进而有效拉动消费市场和劳动力市场。需求拉动供给会使上市公司发展速度加快，盈利能力增强，从而使投资者更加看好上市公司的未来预期，愿意加大投资，推动股价上涨。

如果固定资产投资减少，就会导致需求萎缩，市场供给受阻。市场供给受阻会使上市公司产销压力增加，发展速度减缓，盈利能力降低，从而使投资者对上市公司的未来感到悲观，开始缩减投资，引发股市下跌。

（4）工业增加值对股市的影响。

工业增加值是指工业公司在报告期内，以货币形式表现的工业生产活动的最终成果，是工业公司全部生产活动的总成果扣除了生产过程中消耗或转移的物质产品和劳务价值后的余额，是工业公司生产过程中新增加的价值。

工业增加值是国民经济核算的一项基础指标。各部门增加值之和即是国内生产总值，反映的是一个国家在一定时期内生产的和提供的全部最终产品和服务的市场价值总和，同时也反映了生产单位或部门对国内生产总值的贡献。

工业增加值稳中有升或者加速上升，说明工业发展增速，相关公司盈利较好，有利于股市上涨。工业增加值稳中有降或者加速下降，说明工业发展减速，相关公司盈利出现拐点，不利于股市上涨。

（5）社会消费品零售总额对股市的影响。

社会消费品零售总额是指国民经济各行业通过多种商品流通渠道向城

乡居民和社会集团供应的消费品总额。社会消费品零售总额是由社会商品供给和有支付能力的商品需求规模决定，是研究居民生活水平、社会零售商品购买力、社会生产、货币流通和物价的发展变化趋势的重要资料。

社会消费品零售总额是反映一定时期内人民物质文化生活水平的提高情况，反映社会商品购买力的实现程度，以及零售市场的规模状况。

社会消费品零售总额包括各种经济类型的批发、零售贸易业，餐饮业，制造业与其他行业售给城乡居民和社会集团的消费品零售额，以及农民出售给非农业居民和社会集团的消费品零售额。

社会消费品零售总额增速，说明市场消费者购买力上升，可用于消费的资金充足，更多的消费者有剩余的资金可用于投资，从而有利于股市上涨。社会消费品零售总额减速，说明市场消费者购买力下降，可用于消费的资金减少，消费者资金萎缩，可用于投资的资金减少，从而不利于股市上涨。

（6）失业率对股市的影响。

失业率是指失业人口占劳动力人口的比率，即一定时期全部就业人口中有工作意愿而仍未有工作的劳动力数字，旨在衡量闲置中的劳动力产能，是反映一个国家或地区失业状况的主要指标。

在我国，劳动力人口是指年龄在 16 岁以上、具有劳动能力的人的全体，目前我国城镇登记失业率等于城镇登记失业人数除以城镇从业人数加城镇登记失业人数。通过失业率指标可以判断一定时期内全部劳动人口的就业情况。

失业率和股市没有直接的联系。在现代经济体系中，失业率是个非常重要的指标，它是反映经济衰退与否的重要数据。对股市来说，失业率增加利空股市，行情有可能下跌；失业率降低利好股市，股价有可能上涨。

（7）通货膨胀率对股市的影响。

通货膨胀率也称物价变化率，是货币超发部分与实际需要的货币量之比，用以反映通货膨胀、货币贬值的程度。通货膨胀是指一般物价水平持续普遍明显上涨。通过对一般物价水平上涨幅度的衡量，可以得出通货膨胀的程度。

通货膨胀影响经济的方式主要是通过收入和财产的再分配，扭曲商品相对价格，降低资源配置效率，以及通过改变产品产量与类型影响经济，促发泡沫经济乃至损害一国的经济基础和政权基础。其衡量的指标主要是消费者价格指数与生产者价格指数。

通货膨胀是影响股票市场以及股票价格的一个重要宏观经济因素。温和的可容忍范围内的通货膨胀会刺激经济增长和上市公司的业绩增长。由于市场流通中的货币增多，必然会有一部分货币资金进入股市，从而推动股市上涨。

恶性的通货膨胀中，物价持续上涨会导致公司成本压力增加，从而造成公司经营困难。并且，恶性通货膨胀阶段，政府也可能做出紧缩型宏观调控政策，从而有可能导致股市下跌。

通货膨胀增加了商品价格的不确定性，同时增加了公司未来经营状况的不确定性，从而增加了股票投资的风险。通货膨胀还对公司产生微观影响，短期内通货膨胀支出、税收效应、负债效应、存货效应和波纹效应等，都可能会刺激股价上涨，但长期出现严重的通货膨胀必然导致股价下跌。

与通货膨胀相对应的是通货紧缩，通货紧缩对股票市场也会产生较大影响。通货紧缩会使市场上的流通货币减少，人们获得的货币减少，购买力下降，引发物价下跌，从而会降低投资者和消费者的积极性，造成经济萧条，不利于币值稳定和经济增长，致使股价下跌。

（8）居民消费价格指数对股市的影响。

居民消费价格指数是反映消费者为购买消费品及服务而付出的价格的变动情况。居民消费价格指数是宏观经济分析与决策以及国民经济核算的重要指标。

居民消费价格指数的高低，直接影响国家宏观经济调控措施的出台与力度（如央行是否调息、是否调整存款准备金率等）。同时，居民消费价格指数的高低也间接影响资本市场（如股票市场、期货市场、金融市场）。

如果居民消费价格指数上涨，将加大居民消费成本，从而打击或削弱居民消费信心，这也会使家庭投资更谨慎、更理性，从而不利于股市发展。反之，如果居民消费价格指数下降，居民消费成本降低，居民将有更多的资金可用于分配，会更容易刺激消费者投资，从而有利于股市向好的方向发展。

（9）生产者价格指数对股市的影响。

生产者价格指数是衡量工业公司产品出厂价格变动趋势和变动程度的指数，是反映某一时期生产领域价格变动情况的重要经济指标，也是制定有关经济政策和国民经济核算的重要依据。

在生产过程中面临的物价波动，将反映至最终产品的价格上，观察生产者价格指数的变动情形，有助于预测未来物价的变化状况，因此这项指标受到市场重视。生产者价格指数上涨反映了生产者价格的提高，相应地，生产者的生产成本增加，最终会转嫁到消费者身上，导致居民消费价格指数上涨，因此是衡量通货膨胀的潜在性指标。

如果生产者价格指数上涨，将加大公司采购成本，在原材料价格上涨不能有效转嫁给消费者的前提下，公司利润减少甚至亏损将是很常见的。对上市公司而言，公司利润减少，业绩明显下降，对股东回报也会相应减少。一方面，上市公司投资价值下降，股价重心便会下移；另一方面，投资回报率预期降低，会弱化投资者信心，导致股市投资人气涣散，从而不利于股市发展。反之，如果生产者价格指数下降，那么公司采购成本下降，在市场价格变动的情况下，对上市公司而言，公司利润增加，对股东回报也相应增加，投资者信心增强，从而导致股市投资人气高涨。

（10）采购经理人指数对股市的影响。

采购经理人指数是由国家统计局和中国物流与采购联合会共同合作完成，是快速及时反映市场动态的先行指标，它包括制造业和非制造业采购经理人指数，与国内生产总值一同构成我国宏观经济的指标体系。

采购经理人指数是衡量一个国家制造业的“体检表”，是衡量制造业在生产、新订单、商品价格、存货、雇员、订单交货、新出口订单和进口等 8 个方面状况的指数。

采购经理人指数是一项全面的经济指标，是根据公司采购与供应经理人的问卷调查数据而编制的月度公布指数。采购经理人指数具有明显的先导性，目前，采购经理人指数已是国际通行的宏观经济监测指标体系，对国家经济活动的监测和预测具有重要作用。

中国物流与采购联合会发布的制造业采购经理人指数是一个综合指数，是由 5 个扩散指数加权计算而成的。5 个扩散指数分别为：新订单指数权数为 30%，产品生产量指数权数为 25%，从业人员指数权数为 20%，供应商配送指数权数为 15%，原材料库存指数权数为 10%。

采购经理人指数以百分比来表示，通常以 50% 作为经济强弱的分界点。当指数高于 50% 时，被解释为经济扩张的信号。当指数低于 50%，尤其是非常接近40%时，则有经济萧条的忧虑。一般在40%～50%之间时，说明制造业处于衰退，但整体经济还在扩张。

采购经理人指数同股市成正比。采购经理人指数越高，说明经济发展的预期越好，股市也将走好。反之，采购经理人指数越低，说明市场经济衰退，则不利于股市走好。

（11）商品贸易对股市的影响。

①商品贸易。

商品贸易是指以商品买卖为目的的纯商业方式的贸易活动。商品贸易的一些具体方法有经销（总经销、独家经销、特约经销和一般经销）、代理（总代理、独家代理、特约代理和一般代理）、寄售、拍卖、招标、展卖等。

②商品贸易在市场经济中的地位。

商品贸易在市场经济中居于基础性地位。

首先，商品贸易是贸易运行的基础。从贸易产生和发展的时间顺序来看，一般是先有商品贸易，后有服务贸易。同时在一定程度上，商品贸易的发达程度也制约着服务贸易的发达程度。

其次，商品贸易是社会再生产的物质基础。在市场经济中，没有商品贸易，就没有社会再生产的发展。生产性商品贸易是社会生产规模不断扩大、技术不断更新、生产进度不断加快的先决条件。消费性商品贸易使劳动者的工资收入顺利地转化为劳动力再生产所需要的生活消费品，满足人们的消费需求，从而实现社会再生产的目的。可见，商品贸易可以促进国民经济的持续、快速、健康发展。

再次，商品贸易是市场正常运行的保障。商品贸易是市场经济发展的直接体现，是社会经济发展的晴雨表。商品贸易的发达程度、繁荣程度和物价波动幅度等直接反映着市场经济运行状况,反映着社会再生产的速度和规模,关系到不同所有者的利益实现程度，也关系到人民群众的生活水平和对社会的评价。商品贸易是一国经济繁荣、社会稳定的保障。

③商品贸易对股市的影响。

商品贸易维持稳定增长或加速增长，说明贸易市场发展良好，对社会经济持续稳定发展有刺激作用，有利于股市上涨。商品贸易增长减速或者加速下降，说明贸易市场发展受到不利影响，对社会经济有拖累作用，从而不利于股市上涨。

（12）资本流动对股市的影响。

资本流动是资本由货币形式转变为商品形式，再由商品形式转变为货币形式的运动过程。资本流动是国际间经济往来的重要表现形式，随着经济全球化的日益发展，随着各国经济发展速度加快、发展水平提高，各国间的资本流动也变得频繁和剧烈。

资本流动进入股市的目标主要是进行投机套利。因此，资本出入的时间主要是在股市较为低迷的时间进入，在炒作使股价拉升后进行高位抛售，这便是最为典型的低价吸入、高价抛出，并且大多数资本持有的时间比较短。

在选择目标之后，市场资本开始小范围地提升股价，吸引更多的投资人员跟风买入，进而促进股价持续上涨。当股价上涨到其目标价位后，便会快速地抛出筹码，获利出局。多数资本流入股市都有一个明显的特点，那就是入场的时候十分隐蔽且缓慢，撤出时的速度比较快，当其撤出时，往往会造成股价下跌。

总之，资本流入股市时会促进行情上涨，资本流出股市时会刺激行情下跌。

2. 宏观经济政策对股市的影响

宏观经济政策是指国家或政府有意识有计划地运用一定的政策工具，调节控制宏观经济的运行，以达到一定的政策目标。宏观经济政策主要包括财政政策、货币政策、汇率政策和收入政策。

为了增进整个社会经济福利，改进国民经济的运行状况，达到一定的政策目标，国家或政府会有意识和有计划地运用一定的政策工具，制定解决经济问题的指导原则和措施，包括综合性的国家或地区发展战略和产业政策、国民收入分配政策、价格政策、物资流通政策等。

宏观经济政策就是短期调控宏观经济运行的政策，需根据形势的变化而进行调整，不宜长期化，因为经济形势是不断变化的。在经济全球化趋势不断发展的今天，一国的经济形势不仅取决于国内的经济走势，还在相当程度上取决于全球经济的走势。

（1）宏观调控对股市的影响。

证券市场是宏观经济的先行指标，是经济的晴雨表，宏观经济的走向决定证券市场的长期趋势。

宏观经济运行对证券市场的影响如下。

①对公司经济效益的影响。公司的经济效益会随着宏观经济的运行周期、宏观经济政策、利率水平和物价水平等宏观经济因素的变动而变动。如果宏观经济运行趋好，公司总体盈利水平提高，股市的市值自然上涨。如果政府采取强有力的宏观调控政策，紧缩银根，公司的投资和经营会受到影响，盈利下降，市场市值可能缩水。无论从长期还是短期看，宏观经济是影响公司生存发展的最根本因素。

②对居民收入水平的影响。居民收入水平提高，会直接促进证券市场投资需求的提高。居民收入增加，自然愿意拿出更多的资金投入到股市中，从而有利于股市上涨。在经济周期处于上升阶段或在提高居民收入政策的作用下，居民收入水平提高将会在一定程度上拉动消费需求，从而增加相关公司的经济效益，如果上市公司的效益好了，同样也有利于股市上涨。

③对投资者股价预期的影响。当宏观经济趋好时，投资者预期公司效益和自身收入水平会上升，股市自然人气旺盛，从而推动市场平均价格走高。当宏观经济趋坏时，投资者对股市的信心下降，从而不利于股市上涨。

④对资金成本的影响。国家经济政策发生变化，如国家调整利率水平政策和实施消费信贷政策，则会影响居民单位的资金持有成本。利率水平降低会促使部分资金由银行储蓄变为投资，致使股市资金量增加，从而有利于股市上升。

（2）宏观经济变动对股市的影响。

国内生产总值变动是一国经济情况的根本反映。从长期来看，上市公司的行业结构，在该国产业结构基本一致的情况下，股票平均价格的变动与国内生产总值的变化趋势是吻合的。

①在持续稳定高速的经济增长情况下，社会总需求与总供给协调增长，经济结构逐步合理，区域发展趋于平衡，需求扩大，并使闲置或利用率不高的资源得以更充分利用，成为经济增长的来源，这表明经济发展势头良好，证券市场行情表现也会趋好。

②若宏观经济高速增长，出现经济过热，政府通常会采取宏观调控措施来减缓经济的增长速度，以维持经济的稳定增长。宏观调控政策将逐步缓解经济矛盾，并为经济进一步稳定增长创造有利条件，这时证券市场也将反映

这种好的形势，表现出平稳向好的态势。

③若宏观经济呈现低速增长或出现负增长，则说明经济出现滞涨或萎缩，这时经济中的各种矛盾会突出表现出来。公司经营将面临困境，居民实际收入也将降低，从而导致证券市场行情下跌。

④若宏观经济从低速增长转向高速增长，则表明低速增长中经济结构得到调整，经济的瓶颈制约得以改善，新一轮经济高速增长已经来临，证券市场也将呈现快速上涨之势。如果国内生产总值一定时期以来呈负增长，但负增长速度逐渐减缓，并呈现向正增长转变的趋势，说明恶化的经济环境逐步得到改善，证券市场走势也将由下跌转为上升。

（3）主要产业政策工具对股市的影响。

产业政策是政府为了实现一定的经济和社会目标，对产业的形成和发展进行干预的各种政策的总和，是政府干预经济活动的重要调控手段。一般认为，产业政策包括产业结构政策、产业组织政策、产业技术政策和产业布局政策等。其中，产业结构政策与产业组织政策是产业政策的核心。

①产业结构政策是选择行业发展重点的优先顺序的政策措施，其目标是促使行业之间的关系更加协调，社会资源配置更加合理，促使产业结构高级化。产业结构政策的主要内容是对产业结构的长期构想，对战略产业的保护和扶植，对衰退产业的调整和援助。

②产业组织政策是调整市场结构和规范市场行为的政策。以反对垄断、促进竞争、规范大型公司集团、扶持中小公司发展为主要核心，其目的在于实现同一产业内公司组织形态和公司间关系的合理化。产业组织政策的主要内容有市场秩序政策、产业合理化政策和产业保护政策。

③产业技术政策是促进产业技术进步的政策，是产业政策的重要组成部

分。产业技术政策的主要内容包括产业技术结构的选择、技术发展政策和促进资源向技术开发领域投入政策。

④产业布局政策是调整产业存在和发展空间形式的政策。产业布局政策的目标是实现产业布局合理化。产业布局遵循的原则有合理性原则、协调性原则、平衡性原则和经济性原则。

产业政策的合理性、协调性、平衡性和经济性，能够促进产业的合理、协调、平稳、高效发展，能够促使产业相关公司高速平稳发展，有利于公司利润的增长，从而增加投资者对相关产业的信心，有利于相关产业的股票上涨。

（4）货币及货币政策对股市的影响。

①货币。

货币本质上是市场相互交换所有权的契约凭证，它只充当价值尺度和流通手段，具有一般等价物的职能。货币供应量是指货币作为某一时段上为社会经济运转服务的货币存量，由中国人民银行（以下简称央行）在内的金融机构供应的存款货币和现金货币两部分构成。

现行货币统计制度将货币供应量分为 3 个层次，即流通中现金（M0）、狭义货币供应量（M1）和广义货币供应量（M2）。

央行根据对宏观监测和宏观调控的需要，根据市场流动性情况，通过调节发行货币来影响货币市场的供求变化，调节市场货币供应量的平衡关系，从而达到稳定市场的作用。货币供应量的调控机制是我国重要的政策性调控手段之一。货币市场的稳定对股票市场有直接影响，因此，投资者需要知道货币供应量与股市之间的关联关系，这样才能在市场出现变化时游刃有余。

货币供应量直接影响到货币的流动性，直接影响到股市的活跃程度，即货币供应量越大，市场货币流动性就越宽松，股市上涨的机会也越大；反之，货币供应量越小，市场货币流动性就越紧缩，股市上涨的压力也越大。

②货币政策。

货币政策也就是金融政策，是指央行为实现其特定的经济目标而采用的各种控制和调节货币供应量和信用量的方针、政策和措施的总称。

货币政策工具是指央行运用各种工具调整货币供应量来调节市场利率，通过市场利率的变化来影响民间资本投资，影响总需求，继而影响宏观经济运行的各种方针措施。

货币政策工具可分为一般性政策工具和选择性政策工具。一般性政策工具包括法定存款准备金率、再贴现政策、公开市场业务。选择性政策工具包括间接信用指导、直接信用控制等。

货币政策对股市的影响主要有以下 4 个方面。

A. 调整利率对股市的影响。央行通过调整基准利率对证券价格产生影响。一般来说，利率上升，股价就下降；利率下降，股价就上升。

B. 公开市场业务对股市的影响。央行的公开市场业务会对股市价格产生影响。当政府倾向于实施较为宽松的货币政策时，央行就会大量购进有价证券，使货币供应量增加，市场利率下调，资金成本降低，从而使公司和个人的投资与消费热情高涨。生产扩张，利润增加，则会推动股价上涨；反之，则会致使股价下跌。

C. 调节货币供应量对股市的影响。央行调节货币供应量的政策工具有法定存款准备金率和再贴现政策。央行提高再贴现率，证券市场行情走势趋弱。央行提高法定存款准备金率，就等于冻结了一部分商业银行的超额预备。由于法定存款准备金率对应着数额庞大的存款总量，并通过货币乘数的作用使货币供应量更大幅度地减少，证券市场价格也会趋于下跌；反之，如果央行降低法定存款准备金率或降低再贴现率，会导致证券市场行情上涨。

D. 选择性货币政策工具对股市的影响。直接信用控制或间接信用指导降低贷款限额，压缩信贷规模，市场上可流动资金将减少，股市行情呈下跌走势。但如果从紧的货币政策前提下实行总量控制，通过间接信用指导或直接信用控制区别对待，紧中有松，那么一些优先发展的产业和国家支柱产业，农业、交通、能源、通信等基础产业，以及优先重点发展地区的股价可能不受影响，甚至逆势而上。

（5）汇率及汇率变动对股市的影响。

汇率是指以一种货币表示另一种货币的价格，其高低最终由外汇市场决定。汇率变动对一国进出口贸易具有直接的调节作用。

一般情况下，国家的经济开放程度越高，证券市场国际化程度越高，受汇率影响也越大。以外币为基准，汇率上升意味着本币贬值，本国产品竞争力增强，出口型公司收益将增加，因此公司的股票价格将上涨。依赖进口的公司成本增加，利润减少，股票市场价格将下跌。汇率上升，本币贬值，还会导致资本流出，从而减少本国证券市场需求，使股票市场价格下跌。

（6）财政政策及其对股市的影响。

财政政策是国家制定的指导财政分配活动和处理各种财政分配关系的基本准则。财政政策是客观存在的财政分配关系在国家意志上的反映。在现代商品经济条件下，财政政策又是国家干预经济、实现宏观经济目标的重要工具。

实施扩张性财政政策，将刺激经济发展，证券市场将走强。实施紧缩性财政政策，将使过热的经济受到控制，证券市场将走弱。

第四节　行业分析

行业分析是根据经济学原理，综合运用统计学、计量经济学分析工具，对行业经济的运行状况、产品生产销售、市场消费、生产技术、行业竞争力、市场竞争格局、行业政策等行业因素进行深入分析，从而发现行业运行的内在经济规律，进一步预测未来行业发展的趋势。

行业分析的目的是为了挖掘最具投资潜力的行业，进而选出最具投资价值的上市公司。上市公司所在行业分析对长线投资相当重要，行业的当前状况和未来发展趋势对该行业上市公司影响巨大。当某个行业处于整体增长期时，未来的发展空间很大，该行业绝大多数上市公司都有较好的表现和较大的发展空间。

1. 行业分析的内容及信息收集原则

行业分析的主要内容包括行业基本状况分析、行业一般特征分析和行业结构分析。

行业分析的主要任务包括分析行业本身所处的发展阶段及其在国民经济中的地位，分析影响行业发展的各种因素以及判断对行业的影响力度，预测并引导行业的未来发展趋势，判断行业投资价值，揭示行业投资风险，为市场交易提供决策依据或投资依据。

搜集行业信息时，要注意 3 个原则，即准确性、全面性和时效性。

（1）准确性原则。

信息收集要做到真实、可靠，这是信息收集工作最基本的要求。只有准确的信息才能反映最真实的情况，如果信息不准确，就会导致结果失真或出错。

如果投资者搜集的信息不准确，那么在做出交易决策时就可能南辕北辙，信息的一点点偏差都可能是“差之毫厘，谬以千里”。

（2）全面性原则。

信息收集要做到广泛、全面、完整。只有广泛、全面地收集信息，才能完整地反映管理活动和决策对象发展的全貌，为决策的科学性提供保障。

信息收集越全面、完整，给予决策的参考就越严谨，做出的交易决策就越科学、合理。

（3）时效性原则。

信息的利用价值取决于该信息是否能及时提供。只有信息及时、迅速地提供给使用者,才能有效地发挥作用。信息的时效性对于决策起着重要作用。

在股市交易中，信息时效差往往会是交易成败的关键，谁能获得更加及时的信息，谁就能更快地做出交易应对策略。

2. 行业分析的方法

（1）调查研究法。

调查研究法是指通过考察了解客观情况，直接获取有关材料，并对这些材料进行分析。调查研究法可以不受时间和空间的限制,一般通过抽样调查、深度访谈、实地调研等形式，通过对调查对象的问卷调查、访谈获得资讯并对此进行研究，也可以利用他人收集的调查数据进行分析。

通过调查研究法进行分析，能够比较直观地了解行业的真实情况，为交易决策提供更加真实、准确的信息。

（2）历史资料研究法。

历史资料研究法是运用历史资料，按照历史发展的顺序对过去事件进行研究的方法。历史资料研究法也称纵向研究法，是比较研究法的一种形式。这种方法通过深入研究已有资料，寻找事实和一般规律，然后根据这些信息去描述、分析和解释过去的过程，同时通过揭示当前的状况，按照一般规律对未来进行预测。

通过历史资料研究法进行分析，能够比较充分地发现历史规律性的情况，能够给决策提供支持。但是，历史资料研究法必须保证历史资料的真实性，否则就会误导决策。

（3）比较研究法。

比较研究法是把一组具有一定相似因素的不同性质物体或对象安排在一起，进行对照比较，通过综合比较它们在构造方面的差异，在性质方面的不同，得出这种物体或对象某性质是由什么因素造成的。

比较研究法按时空的区别可分为横向比较和纵向比较两种方法。横向比较就是对空间上同时并存的事物的既定形态进行比较。纵向比较即时间上的比较，就是比较同一事物在不同时期的形态，从而认识事物的发展变化过程，揭示事物的发展规律。

（4）归纳演绎法。

归纳演绎法，有时叫作归纳逻辑，是论证为前提支持结论，但不确保结论的推理过程。

演绎法又叫演绎推理，是指从一般性的前提出发，通过推导即“演绎”，得出具体陈述或个别结论的过程。演绎推理的逻辑形式对于理性的重要意义在于，它对人的思维保持严密性、一贯性有着不可替代的校正作用。

（5）数理统计法。

数理统计法是数学的一门分支学科，它以概率论为基础，运用统计学的方法分析、研究数据以导出其概念规律性（即统计规律）。它主要研究随机现象中局部与整体之间，以及各有关因素之间相互联系的规律性。它要求具有随机性，而且数据必须真实可靠，这是进行定量分析的基础。

数理统计法要求具有可靠的数理分析模型，并且要有准确的数据支持，从而计算出事件可能发生的概率，为投资者提供决策。

3. 行业景气指数

景气指数又称景气度，它是对公司景气调查中的定性指标通过定量方法加工汇总，综合反映某一特定调查群体或某一社会经济现象所处的状态或发展趋势的一种指标。行业景气指数是能够反映行业变动趋势的一种综合指数。

当行业处于不同的周期节点时，会呈现不同的市场景象，称为行业景气。处于周期波动不同周期节点的行业具有明显的表现差异。处于上升期的行业出现需求旺盛、生产满负荷运转、买卖活跃的景象，多数公司呈现出盈利的状态。反之，处于下降期的行业出现需求萎靡、生产能力过剩、产品滞销、应收款增加、价格下跌的景象，多数公司呈现出亏损的状态。

景气指数以100为临界值，范围在0～200之间。景气指数高于100时，表明经济状态趋于上升或改善，处于景气状态。景气指数低于100时，表明经济状况下降或恶化，处于不景气状态。

行业景气度高，行业内所有公司的盈利能力就强，上市公司的股价就容易上涨。反之，行业景气度低，行业内所有公司的盈利能力就弱，上市公司的股价就容易下跌。

4. 行业市场结构

市场结构就是市场竞争或垄断的程度。根据行业中公司数量的多少，进入限制程度和产品的差别，行业基本上可分为4种，即市场结构完全竞争、垄断竞争、寡头垄断和完全垄断。

（1）完全竞争。

完全竞争是指竞争不受任何阻碍、干扰和控制的市场结构。在完全竞争市场结构中，市场上存在大量具有合理性的经济行为的卖者和买者，产品是同质的，可互相替代且无差别，生产要素在产业间可以自由流动，不存在进入或退出障碍，卖者或买者对市场都不具有某种支配力或特权，卖者和买者间不存在共谋、暗中配合行为，卖者和买者具有充分掌握市场信息的能力和条件，不存在不确定性，如粮食、肉类等农林牧渔行业。

完全竞争市场具有以下特点。

①市场上有许多生产者和消费者，各种生产资料可以完全自由流动。

②他们都只是价格的接受者，竞争地位平等，没有一个公司能够影响产品的价格。

③生产者提供的产品是同质的、无区别的。

④资源自由流动，生产者可自由进入或退出这个市场。

⑤市场信息对买卖双方都是畅通的，生产者和消费者非常了解市场情况。

⑥厂商基本没有进入和退出壁垒，厂商加入或者退出市场完全自由。

（2）垄断竞争。

垄断竞争是指有许多厂商在市场上销售近似但不完全相同的产品。垄断竞争是指既有垄断又有竞争的市场结构，是无限趋近于完全竞争的市场结构，如纺织、服装等轻工业产品。

垄断竞争市场具有以下特点。

①生产者众多，各种生产资料可以流动，市场的进入与退出完全自由。

②各生产者提供的众多商品是有差别的，但没有本质区别。

③市场中具有众多的生产者和消费者，而且消费者具有明显的偏好，商品与服务“非同质”。

（3）寡头垄断。

寡头垄断是指少数几家厂商控制整个市场产品的生产和销售这样一种市场组织。

相互依存是寡头垄断市场的基本特征。由于厂商数目少而且占据市场份额大，不管怎样，一个厂商的行为都会影响对手的行为，影响整个市场，如钢铁、煤炭、石油等工业产品。

每个寡头在决定自己的策略和政策时，都非常重视对手对自己这一策略和政策的态度和反应。作为厂商的寡头垄断者是独立自主的经营单位，具有独立的特点，但是它们的行为又互相影响，互相依存。

（4）完全垄断。

完全垄断是指在市场上没有竞争者，整个行业的市场完全处于一家公司控制的市场结构，如烟草、铁路、食盐等品种。

完全垄断市场具有以下特点。

①产品没有或缺少相近的替代品，市场被独家公司所控制，其他公司不

可以或不可能进入该行业。

②垄断者在制定产品价格与生产数量方面的自由是有限度的，要受到有关反垄断法和政府管制的约束。

③垄断者能够根据市场的供需情况制定理想的价格和产量，在高价少销和低价多销之间进行选择，以获取最大的利润。

5. 行业经济周期分析

（1）增长型行业。

增长型行业是指这样一些行业，它的运动形态与经济活动总水平的周期及其振幅无关。这些行业收入增长的速率相对于经济周期的变动来说，并未出现同步影响，因为它们主要依靠技术进步、新产品推出及更优质的服务，从而使其经常呈现出增长形态，如计算机、电子通信等行业。

（2）周期型行业。

周期型行业是指和国内或国际经济波动相关性较强的行业，其中典型的周期型行业包括大宗原材料（如钢铁、煤炭等）、工程机械、船舶等。

周期型行业的特征是产品价格呈周期性波动，产品的市场价格是公司盈利的基础。在市场经济情况下,产品价格形成的基础是供求关系而不是成本，成本只是产品最低价的稳定器，但不是决定的基础。

周期型行业的运行状态与经济周期紧密相关。当经济衰退时，这些行业也相应地衰落。当经济处于上升期时，这些行业会紧随其扩张。典型的周期型行业有消费品、耐用品制造业和其他需求收入弹性较高的行业。

（3）防守型行业。

防守型行业一般是指行业生产的产品需求相对稳定，并不受经济周期进入衰退的影响。与周期型行业相反，防守型行业是指经营和业绩波动基本不受宏观经济涨落影响的行业，不会随经济周期大起大落。

医药、食品、公用事业是典型的防守型行业，这些行业多是居民生活必需消费的商品或服务，不会因为整体经济和收入的冷暖而显著减少或增加消费。这类行业通常波动平缓，被视为安全或保守的投资领域，特别是在经济周期走软时，是理想的避风港。

6. 行业生命周期

行业生命周期是指行业从出现到完全退出社会经济活动经历的时间。行业生命周期主要包括 4 个发展阶段，即幼稚期、成长期、成熟期和衰退期。处在幼稚期和成长期的行业称为朝阳行业，处在衰退期的行业称为夕阳行业。当大盘从底部启动后，投资者最好挑选朝阳行业的股票，不要买入夕阳行业的股票。

（1）幼稚期。

这一时期的产品设计尚未成熟，行业利润率较低，市场增长率较高，需求增长较快，技术变动较大，行业中的用户主要致力于开辟新用户和占领市场。但此时技术上有很大的不确定性，在产品、市场、服务等策略上有很大的余地，对行业特点、行业竞争状况、用户特点等方面的信息掌握不多。公司进入壁垒较低，产品市场需求狭小，销售收入较低，因此这些创业公司财务上可能没有盈利，甚至出现较大的亏损。

（2）成长期。

这一时期的市场增长率很高，需求高速增长，技术渐趋定型，行业生命周期理论、行业特点、行业竞争状况及用户特点已比较明朗，公司进入壁垒提高，产品品种及竞争者数量增多。这一时期公司的利润增长很快，面临的竞争风险也非常大，破产率与兼并率相当高。在市场竞争优胜劣汰的规律作用下，市场上生产厂商的数量会在一个阶段大幅减少后开始逐渐稳定下来。

（3）成熟期。

这一时期的市场增长率不高，需求增长率不高，技术上已经成熟，行业特点、行业竞争状况及用户特点非常清晰和稳定，买方市场形成，行业盈利能力下降，新产品和产品的新用途开发更为困难，行业进入壁垒很高。

（4）衰退期。

这一时期的行业生产能力出现过剩现象，技术被模仿后出现的替代产品充斥市场，市场增长率严重下降，需求下降，产品品种及竞争者数目减少。

衰退可以分为偶然衰退和自然衰退。偶然衰退是指在偶然的外部因素作用下，提前或者延后发生的衰退。自然衰退是一种自然状态下到来的衰退。

行业衰退还可以分为相对衰退和绝对衰退。相对衰退是指因结构性原因或者无形原因引起的行业地位和功能发生衰减的状况，并不一定是行业实体发生了绝对的萎缩。绝对衰退是指行业本身潜在的衰退规律起作用而发生的规模萎缩、功能衰退、产品老化等。

7. 行业分析对股票交易的重要性

行业分析是公司分析的前提，是连接宏观经济分析和上市公司分析的桥梁，是基本面分析的重要环节。行业是决定公司投资价值的重要因素之一。

行业分析是国民经济形势分析的具体化。投资者在分析国民经济形势时，根据国民生产总值等经济指标，可以知道或预测某个时期整个国民经济的运行状况。但是，整个经济的运行状况与构成经济总体的各个行业的状况并非完全吻合。当整体经济形势较好时，只能说明大部分行业的形势较好，但不是每个行业都好。反之，当整体经济形势恶化时，可能大多数行业都面临困境，但也会有某些行业发展仍然较好。

行业所处生命周期的位置，制约或决定着公司的生存和发展。如果某个行业已处于衰退期，那么这个行业中的公司，不管其资产多么雄厚，经营管理能力多么强，都不能摆脱暗淡的前景。投资者考虑投资方向时，不能投资那些快要没落和淘汰的“夕阳”行业。投资者选择股票时，不能被眼前的景象所迷惑，而要分析和判断公司所属的行业是处于幼稚期、成长期、成熟期或衰退期的哪个阶段，绝对不能购买那些属于衰退期的行业股票。

交易前，投资者只有进行全面的行业分析，了解行业未来是否具有较好的投资价值，同时了解行业内的龙头公司有哪些，才能更加明确地知道某个行业的发展状况，以及行业生命周期所处的位置，并据此做出正确的投资决策。深入全面的行业分析，能够提高投资的安全性。

第五节　公司分析

公司分析是指对公司的财务状况、发展潜力、成长性及质地、所处的环境（包括市场环境、政策环境等）、公司的管理运营能力、公司核心竞争力等进行分析。对公司进行分析时，最主要的是分析公司的盈利能力和成长性。

1. 公司财务报表分析

财务报表分析是指用系统的理论与方法对财务报表进行分析，通过对财务报表提供的信息资料和数据进行系统性分析，了解和掌握公司的实际经营情况，分析公司的盈利能力、经营效率、偿债能力、发展能力等，并对公司做出综合分析与评价，预测公司未来的盈利情况与产生现金流量的能力，为管理层相关经营决策提供科学的依据。

分析上市公司的财务数据时，主要参考以下 6 项重要数据。

（1）资产负债率。

资产负债率又称举债经营比率，是用以衡量公司利用债权人提供的资金进行经营活动的能力，是反映债权人发放贷款的安全程度的指标，通过将公司的负债总额与资产总额相比较得出，反映在公司全部资产中属于负债的比率。

资产负债率的计算方法如下：

资产负债率 = 负债总额 / 资产总额 ×100%

资产负债率反映在总资产中有多大比例是通过借债来筹资的，也可以衡量公司在清算时保护债权人利益的程度。该指标是评价公司负债水平的综合指标，同时也是衡量公司利用债权人资金进行经营活动能力的一项指标，也反映债权人发放贷款的安全程度。如果资产负债比率达到或超过 100%，就说明公司已经没有净资产或资不抵债。一般情况下，资产负债率越小，表明公司长期偿债能力越强。

（2）市盈率。

市盈率也称“本益比”，是股票价格除以每股盈利的比率。市盈率反映了在每股盈利不变的情况下，当派息率为 100% 时及所得股息没有进行再投资的条件下，经过多少年投资者的投资可以通过股息全部收回。一般情况下，一只股票市盈率越低，表明投资回收期越短，投资风险就越小，股票的投资价值就越大。反之，一只股票市盈率越高，表明投资回收期越长，投资风险就越大，股票的投资价值就相对越小。

市盈率的计算方法如下：

市盈率 = 每股市价 / 每股收益

市盈率是最常用来评估股价水平是否合理的指标之一，由股价除以年度每股盈余得出。这是股市投资者关注的一个重要指标，它代表市场上投资者对公司每股盈利付出的价格。

（3）每股收益。

每股收益又称“每股盈利”，是指税后利润与股本总数的比率。每股收益是普通股股东每持有一股所能享有的公司净利润或需承担的公司净亏损。每股收益通常用来反映公司的经营成果，衡量普通股的获利水平及投资风险，是投资者据以评价公司盈利能力，预测公司成长潜力，进而做出相关经济决策的重要财务指标之一。

每股收益的计算方法如下：

每股收益 = 净利润 / 总股本

每股收益是评价上市公司财务和盈利能力最重要的指标，体现了公司的经营能力、管理能力和对股东的回报能力。该指标可以用逐年进行对比的方法来评价一个公司的成长性，也可以和其他公司进行对比，找出公司之间的经营差距。

（4）每股净资产。

每股净资产是指股东权益与总股数的比率。这一指标反映每股股票所拥有的资产现值。每股净资产越高，股东拥有的每股资产价值越多。反之，每股净资产越少，股东拥有的每股资产价值越少。通常来说，每股净资产越高越好。每股净资产是判断公司内在价值最重要的参考指标之一。

每股净资产的计算方法如下：

每股净资产 = 年末股东权益 / 总股本

每股净资产指标反映了会计期末每一股份在公司账面上到底值多少钱，如在公司性质相同、股票市价相近的条件下，某一公司股票的每股净资产越高，则公司发展潜力与其股票的投资价值越大，投资者承担的投资风险越小。

（5）市净率。

市净率指的是每股股价与每股净资产的比率。一般来说，市净率较低的股票，投资价值较高；相反，市净率较高的股票，则投资价值较低。市净率能够帮助投资者寻求哪个上市公司能以较少的投入得到较高的产出，对于大的投资机构，它能够帮助其辨别投资风险。

市净率的计算方法如下：

市净率 = 每股市价 / 每股净资产

市净率把股价和每股净资产联系起来，市净率越高，资产越优良。近几年，高科技股、互联网行业和新兴行业通常都有较高的市净率。

（6）现金比率。

公司因大量赊销而形成大量的应收账款，现金比率是考察公司变现能力时所运用的指标。

现金比率是速动资产扣除应收账款后的余额与流动负债的比率，最能反映公司直接偿付流动负债的能力。一般认为，现金比率 20% 以上为好。但这一比率过高，就意味着公司流动资产未能得到合理运用。而现金类资产获利能力低，这类资产金额太高，会导致公司机会成本增加。

现金比率的计算方法如下：

现金比率 = 现金余额 / 现金负债

现金比率越高，说明变现能力越强，因此该比率也称变现比率。现金比率直接反映公司的短期偿付能力，也是盈利的资本。过高的现金比率将会降低公司的获利能力。

2. 公司所在行业分析

上市公司所在行业分析，对长线投资相当重要。行业的当前状况和未来发展趋势，对该行业上市公司影响巨大。当某个行业处于整体增长期间，未来的发展空间很大，该行业的所有上市公司都会有较好的表现和较大的发展空间。例如前几年，沪深两市的通信行业、电脑软件行业和高科技行业，整体公司业绩高于其他行业。

如果上市公司所在的行业是朝阳行业，那么未来发展的空间和潜力都会很大，盈利能力也会更强。另外，朝阳行业更容易获得政策的支持，从而为上市公司的快速发展保驾护航。

如果上市公司所在的行业是夕阳行业，那么上市公司的市场空间将会逐渐萎缩，盈利能力会快速下降，甚至造成亏损状态。通常来说，政策会对夕阳行业进行收缩，从而使夕阳行业的运营越来越困难，直至退出市场舞台。

如果上市公司所处的行业具有国家政策扶持，同时能够享受一定的税收优惠和政府补助，并且这个市场的产品远未达到饱和状态，行业处于高速发展期，那么行业的发展机会就会很多。公司所在行业的具体分析方法，详见本章第四节对“行业分析”的表述。

3. 公司产品和市场分析

公司产品是给公司带来利益的关键，不管是有形产品还是无形产品，最终价值体现在给公司带来的收益上。

（1）产品市场占有分析。

产品的市场占有应包括两方面的内容：一是产品的市场占有率，是指该公司产品在同类产品市场中占有的份额；二是产品的市场覆盖率，是指产品在各个地区的覆盖和分布。两者组合分析可得到以下 4 种情况。

①市场占有率和市场覆盖率都比较高。这说明该公司的产品销售和分布在同行业中占有优势地位，产品的竞争力很强。

②市场占有率高而市场覆盖率低。这说明公司的产品在某个地区受欢迎，有竞争力，但大面积推广缺乏销售网络。

③市场占有率低而市场覆盖率高。这说明公司的销售网络强，但产品的竞争力较弱。

④市场占有率和市场覆盖率都低。这说明公司的产品缺乏竞争力，产品的前途有问题。

除了分析公司产品的市场占有率和覆盖率，还要分析公司产品的品种、价格、销售能力，并分析公司的核心产品。

（2）产品品种分析。

公司产品品种分析，主要看产品处于生命周期的哪个阶段。如果产品处于萌芽期或发展期，那么产品的成长价值更高，未来潜力更大。如果产品处于衰退期，那么产品市场将走下坡路，未来的盈利能力也会降低。

另外，还要分析产品在市场上的竞争力如何。如果可替代的产品较少，那么产品在市场上的竞争力更强，产品的市场回报率预期会更高。如果可替代性的产品较多，那么产品在市场上的竞争力会相对较弱，产品的市场回报率预期也会减弱。

（3）产品价格分析。

产品价格分析是指公司生产的产品和其他公司生产的同类产品的价格比较。比如分析产品价格是高还是低，产品是否有竞争力等，同时还应分析产品的价位和消费者的承受力，产品价位变化所引起的供需变化和市场变化等。

（4）产品销售能力分析。

产品销售能力分析，主要考察上市公司的销售渠道、销售网络、销售人员、销售策略、销售成本和销售业绩。销售环节的成本极大地影响公司的利润，销售渠道和网络的好坏直接关系到销售数量和利润的好坏。

（5）产品原材料供应分析。

公司原材料供应是公司产品分析的重点之一。原材料成本和获得难易程度是决定产品未来市场价格的关键。如果原材料成本高，那么制造出来的产品销售价格自然会高。通过分析公司原材料的供应情况，能清楚地了解产品的成本结构。

公司原材料可以选择自产或者外购。选择自产，则原材料全部由自己公司生产和供应。好处是原材料供应稳定，这一部分利润由公司独自获得；缺点是战线长，初期投资增加，管理费用增加，产品抗风险性差。选择外购则是原材料由专门的原材料公司供应和生产，公司要让出一部分应得的利润。

另外，公司关键原材料分析也很重要，关键原材料的价格和获取难易程度会对产品的生产和销售具有重要影响。比如 2018 年，美国对中兴通讯实施制裁，限制美国供应商给中兴通讯供货，中兴通讯很多关键零配件全都依靠美国进口，这一限制对于中兴通讯来说是灾难性的，其结果导致中兴通讯的股价从 31.8 元跌到了 11.8 元。美国解除对中兴通讯的制裁后，其股价才重新回升。

（6）核心产品分析。

核心产品是构成公司利润的主要产品，也是公司竞争力的重要体现。核心产品可以是一种具体的产品，也可以是一项核心技术。在市场上，核心产品越具有竞争力或不可替代性，公司产品的市场价值和盈利预期就越乐观。

4. 产品竞争力分析

产品竞争力分析的主要方法是迈克尔·波特于 20 世纪 80 年代初提出的五力分析模型，它认为行业中存在决定竞争规模和程度的 5 种力量，这 5 种力量综合起来影响产业的吸引力。这 5 种力量分别为进入壁垒、替代品威胁、买方议价能力、卖方议价能力以及现存竞争者之间的竞争，如图 2-1 所示。

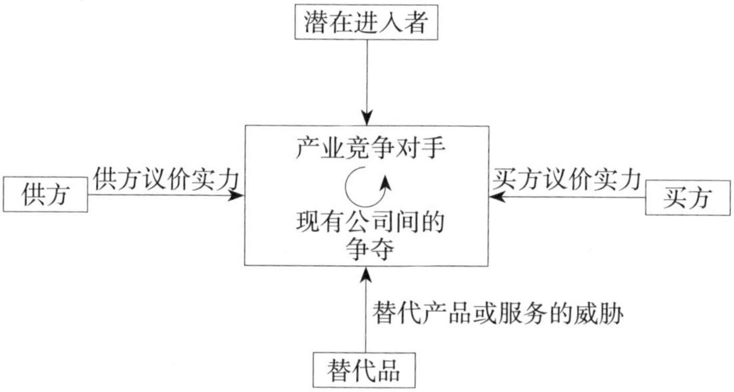

图 2-1　五力分析模型

五力模型中，5 种力量模型确定了竞争的 5 种主要来源，即供应商和购买者的议价能力，潜在进入者的威胁，替代品的威胁，以及来自同一行业公司之间的竞争。

（1）供应商的议价能力。

供应商主要通过提高投入要素价格与降低单位价值质量的能力，影响行业中现有公司的盈利能力与产品竞争力。如果供应商在行业中具有比较稳固的市场地位，并且市场竞争无法撼动其市场地位，那就说明供应商对于产品供应具有绝对话语权，其议价能力很强。

供应商的议价能力越强，则公司的盈利能力就越弱。反之，供应商的议价能力越弱，则公司的盈利能力就越强。

（2）购买者的议价能力。

购买者主要通过压价与要求提供较高的产品或服务质量的能力，影响行业中现有公司的盈利能力。

购买者的主要议价能力来自购买的产品或服务的特殊性。购买者对产品或服务的特殊性要求越高，其议价能力就越强。供应商产品或服务的成本越透明，其议价能力就越强。购买者对价格越敏感，其议价能力就越强。购买者越集中，其议价能力就越强。

购买者的议价能力越强，则公司的盈利能力越弱。反之，购买者的议价能力越弱，则公司的盈利能力越强。

（3）新进入者的威胁。

新进入者在给行业带来新生产力和新资源的同时，肯定希望在现有公司瓜分完毕的市场中赢得一席之地。这有可能会与现有公司发生原材料与市场份额的竞争，最终导致行业中现有公司盈利水平降低，严重的话，有可能会危及这些公司的生存。竞争性进入威胁的严重程度取决于两方面的因素，这就是进入新领域的障碍大小与预期现有公司对于进入者的反应情况。

一般情况下，在同一行业内的公司，总是不欢迎那些新进入的公司，因此这些老公司就会想方设法给新进入的公司进入市场制造障碍。潜在的进入者也会精心挑选那些进入障碍较少的行业。比较显著的进入障碍包括规模经济、产品差异化、转换成本、资本要求、进入分销渠道、与规模无关的成本劣势和政府政策等。

新进入者的实力越强、产品影响力越大、产品质量越好、产品成本越低，其对现有公司的威胁越大。

（4）替代品的威胁。

两个处于同行业或不同行业中的公司，可能会由于生产的产品是互为替代品，从而在它们之间产生相互竞争行为，这种源自替代品的竞争会以各种形式影响行业中现有公司的竞争战略。

现有公司将产品的售价提高，其市场可能会被具有替代效应的产品替代，从而使公司的销售利润降低。由于替代品生产者的侵入，使现有公司必须提高产品质量，或者通过降低成本来降低售价，或者使其产品具有特色，否则其销量与利润增长的目标就有可能受挫。总之，替代品价格越低、质量越好、用户转换成本越低，其所能产生的竞争压力就越强。

替代品的可替代性越强，市场购买者的议价能力就越强。替代品的可替代性越弱，市场购买者的议价能力就越弱。

（5）同业竞争程度。

大部分行业中的公司，相互之间的利益都是紧密联系在一起的，公司竞争战略是各大公司整体发展战略的一部分，其目标就在于使自己的公司获得相对于竞争对手的优势。因此，在实施中就必然会产生冲突与对抗现象，这些冲突与对抗就构成了现有公司之间的竞争。现有公司之间的竞争常常表现在销售价格、产品成本、产品质量和售后服务等方面，其竞争强度与许多因素有关。

同业竞争越激烈，市场购买者的议价能力就越强。反之，同业竞争越弱，市场购买者的议价能力就越弱。

5. 公司经营和管理能力分析

(1) 管理人员素质分析。

在现代公司管理中，管理人员不仅担负着对公司生产经营活动进行计划、组织、指挥和控制等管理职能，而且还要从不同的角度和方面负责或参与对各类非管理人员的选择、使用和培训工作。因此，管理人员的素质是决定公司能否取得成功的一个重要因素。

公司管理人员应当具备良好的管理素质。良好的管理素质不但要求管理人员要具备从事管理工作的愿望，还要求管理人员具有专业的技术能力、良好的思想道德品质，更要有人际关系协调能力和综合管理能力。其中，综合管理能力对于公司高层最为重要，因为高层管理者承担着公司重大战略决策、协调内外环境平衡的职能。

(2) 公司经营理念分析。

公司的经营理念是公司发展一贯坚持的一种核心思想，是公司员工坚守的基本信条，也是公司制定战略目标及实施战术的前提条件和基本依据。公司应当建立一个切合自身实际情况并能够贯彻执行下去的理念体系。

有些公司奉行稳健运行的理念。通常，这样的公司是因为运营模式已经被反复探索、学习、调整和磨合，模式在市场上已经发展成熟。奉行稳健运行的公司发展一般较为平稳，很少出现大起大落的情况。但是，由于稳健型公司不愿意从事风险较高的经营活动，公司难以获得超额利润，而且有时候过于保守，反而会丧失公司发展的机会。

有些公司奉行创新发展的理念。这样的公司利用新思维、新技术、新方法不断地推陈出新，不断地创造新的更有效的资源整合方式，以促进公司管理系统综合效益的不断提高，以尽可能少的投入获得尽可能多的综合效益。

稳健型经营理念并不和创新型发展理念相排斥，稳中求变反而是很多公司追求的目标。单一地追求稳健容易失去公司发展的机会，一味地追求创新也容易让公司偏离正确的发展轨道，所以对投资者来说，稳中求变的公司更具有吸引力。

（3）公司文化分析。

公司文化也会对公司的发展起到非常重要的作用。公司文化是指公司全体职工在长期的生产和经营活动中，逐渐形成的共同遵循的规则、价值观、人生观和自身的行为规范准则。

公司文化是公司在经营活动中形成的经营理念、经营目的、经营方针、价值观念、经营行为、社会责任、经营形象等的总和。公司文化是公司个性化的根本体现，它是公司生存、竞争和发展的灵魂。对公司文化的分析应着重分析公司文化对全体员工的指导作用、凝聚作用、激励作用和约束作用。

如果上市公司有良好的公司文化和高效的经营管理，那么上市公司的凝聚力、向心力和战斗力就会很强，对上市公司未来发展的预期也会更加看好。

6. 公司实地考察

实地考察上市公司的目的，是为了核实公司公开信息中披露的信息，如融资所投项目、重要项目的进展等是否与信息披露一致。实地考察和咨询公司公开信息中披露的对其利润有重大影响的会计科目，或对主营业务发生重大改变的事项。实地考察能对上市公司的环境条件和员工精神面貌有比较清晰的认识。

实地考察上市公司对于长线投资尤为重要，能够让投资者深入了解公司未来发展的机会或可能面临的风险。

投资者到公司进行实地考察，与公司核心领导班子深入探讨公司的发展战略，行业的发展方向和政策情况，近几年的经营和财务状况，未来的研发方向，这样会对公司有一个全面的了解。

对大多数中小长线投资者来说，由于资金、实力和精力有限，去上市公司实地考察难度较大，并且大多数中小散户并不懂实地考察需要调研的内容和流程，因此对普通散户来说，实地考察是比较困难的。

对于长线投资者来说，实地考察是很有必要的，因为近些年上市公司虚假信息披露屡见不鲜，上市公司对外公布的信息或者财务数据看起来非常漂亮，但实际上上市公司可能出现连年亏损、资不抵债、已经停产的状况。如果不经过实地考察，很多长线投资者都会被市场上公开的华丽信息所迷惑，导致最终投资失败。

投资前，长线投资者只有亲自去实地考察公司的现状，公司的生产和销售情况，公司文化，公司管理层的能力，公司的规章制度、生产规模、生产效益、生产秩序，投资资金的实际执行情况，公司信息披露的准确情况和财务报表的真实性，才能保障投资更具有安全性。

7. 经营战略分析

经营战略是在符合和保证实现企业使命的条件下，在充分利用环境中存在的各种机会和创造新机会的基础上，确定企业同环境的关系，规定企业从事的事业范围、成长方向和竞争对策，合理地调整企业结构和分配企业的全部资源。

公司经营战略是公司面对激烈变化与严峻挑战的环境，为求得长期生存和不断发展而进行的总体性谋划。经营战略是在公司总体战略的指导下管理具体经营单位的计划和行动，从而为公司的整体目标服务。

公司的经营战略布局对公司未来发展非常重要。好的经营战略布局能让公司快速发展，并且盈利能力也会快速上升。相反，差的经营战略布局则会拖累公司的发展，从而拖累公司的业绩上涨，甚至给公司带来严重的亏损。

对于中长线投资者来说，上市公司的经营战略分析尤为重要，因为很大程度上，公司的经营战略决定了公司未来的发展方向和盈利能力。一个好的经营战略能够在未来一段时间促进公司的利润增长。相反，一个差的经营战略，则会拖累公司的良好发展，甚至会给公司带来亏损。

第三章　财报中的价值分析

财务报表作为所有公司经营活动最基本也是最重要的信息披露方式，在价值投资中是最受关注的元素。上市公司财务报表是公司的财务状况、经营业绩和发展趋势的综合反映，是投资者了解公司、决定投资行为的最全面、最真实、最可靠的第一手资料。

第一节　利润表的价值分析

1. 利润表的概念

利润表又称损益表，是反映公司在一段时间内有没有赚钱，判断它到底是损失还是收益的报表。这是反映公司一定期间如一个年度或一个月经营成果的会计报表。利润表一般采用单步式和多步式两种格式。

单步式利润表是将所有收入和费用、成本分别汇总列示，然后将收入减去费用、成本得出本期利润或亏损。

多步式利润表是将损益表内容进行多项分类列示，通过多步计算最终得出公司利润或亏损。

单步式利润表比较简明，由于这种格式对一切收入和费用、支出一视同仁，不分彼此先后，可避免使人误认为收入与费用的配比有先后顺序。其缺点是一些有意义的中间性信息，如销售毛利、营业利润、利润总额等均未直接反映，不利于不同企业或同一企业不同时期相应项目的比较。

多步式利润表对收入与费用、支出项目加以归类，列示一些中间性的利润指标，分步反映本期净利的计算过程，可提供比单步式利润表更丰富的信息，而且有助于不同企业或同一企业不同时期相应项目的比较分析。

2. 利润表的作用

利用利润表可以评价一个公司的经营成果和投资效率，分析公司的盈利能力及未来一定时期的盈利趋势。利润表是一张能让投资者看到一家公司有没有赚钱能力的报表，投资者关注的核心在于公司是否能够长期稳定获利。

利润表显示了公司运营期间获得的收入，以及与此同时产生的费用，是分析公司经营业绩、经济效益和利润分配情况的依据。利润表可以为财务报表的阅读者提供做出合理经济决策所需要的有关资料，可用来分析利润增减变化的原因、公司的经营成本，做出投资价值评价，等等。

具体来说，利润表有以下 6 个方面的作用。

（1）利润表可作为经营成果的分配依据。

利润表可以反映公司在一定期间内收入的实现情况，如实现的营业收入、营业成本、营业费用以及营业税金、各项期间费用和营业外收支等项目，最终计算出利润综合指标。利润表上的数据直接影响许多相关方的利益，如国家的税收收入、管理人员的奖金、职工的工资与其他报酬、股东的股利等。

（2）利润表能综合反映生产经营活动的各个方面，有助于考核公司经营管理人员的工作业绩。

公司在生产、经营、投资、筹资等各项活动中的管理效率和效益，都可以从利润数额的增减变化中综合地表现出来。通过对比收入、成本费用、利润与公司的生产经营计划，可以考核生产经营计划的完成情况，进而评价公司的经营业绩和效率。

(3) 利润表可用来分析公司的获利能力，预测公司未来的现金流量。

利润表揭示了经营利润、投资净收益和营业外收支净额的详细资料，可据此分析公司的盈利水平，评估公司的获利能力。通过分析公司的盈利水平和获利能力，可以比较直观地判断公司是否具备投资价值。

(4) 利润表可以反映公司在一定期间内获得利润或发生亏损的数额，从而衡量公司收入与产出之间的关系。

(5) 利润表可以反映公司在一定期间内各种费用的耗费情况，如耗费的营业成本有多少，营业税金及附加有多少，营业费用、管理费用、财务费用有多少，以及营业外支出有多少，等等。

(6) 利润表可以体现公司资金周转情况以及公司的盈利能力和水平，便于会计报表使用者判断公司未来的发展趋势，公司管理人员可据此做出经济决策。

3. 利润表的局限性

(1) 利润表不包括有益于公司发展和财务状况的许多信息。

利润表只是从营收数据上反映公司的经营情况和获利能力，并不能完全地反映公司的所有问题。因此，利润表可以作为一种经营分析的重要参考，但并非唯一参考。

（2）损益数值经常受到所用会计方法的影响。

会计方法是指用来核算和监督会计对象执行会计职能、实现会计目标的手段。会计方法是人们在长期的会计工作实践中总结创立，并随着生产发展、会计管理活动的复杂化而逐渐完善和提高的。使用不同的会计方法，得到的结果可能会存在一定的差异。

（3）损益计量会受到估计的影响。

4. 利润表的编制

编制利润表时，投资者首先要把握住“利润 = 收入 – 成本”这个总体原则，然后从主营业务收入开始，分步扣减各项成本和费用，最终计算出上市公司在一段时间的经营中投资者能够获得的收益。

具体步骤如下。

（1）计算主营业务利润。

主营业务利润 = 主营业务收入 – 主营业务成本 – 销售折让 – 主营业务税金及附加

注解：主营业务利润也称基本业务利润（在工业企业则称为产品销售利润），是企业主营业务收入扣除主营业务成本、销售折让、主营业务税金及附加后的利润得来的，不包括其他业务利润、投资收益、营业外收支等因素。

（2）计算营业利润。

营业利润 = 主营业务利润 + 其他业务利润 – 存货跌价准备 – 营业费用 – 管理费用 – 财务费用

注解：营业利润是指企业从事生产经营活动中取得的利润，是企业利润的主要来源。营业利润等于主营业务利润加上其他业务利润，再减去存货跌价准备、营业费用、管理费用和财务费用后的金额。

（3）计算利润总额。

利润总额 = 营业利润 + 投资收益 + 补贴收入 + 营业外收入 − 营业外支出

（4）计算净利润。

净利润 = 利润总额 − 所得税

当利润总额为负时，企业一年经营下来，其收入还抵不上成本开支及应缴的营业税，这就说明公司经营发生亏损。

当利润总额为零时，公司一年的收入正好与支出相等，公司经营不亏不赚，这就说明公司经营达到盈亏平衡。

当利润总额大于零时，公司一年的收入大于支出，这就说明公司经营处于盈利状态。

5. 利润表实战分析

（1）投资者通过分析公司的利润表，可以看出公司是否能够创造利润，是否具有持续的竞争力。公司能否盈利仅仅是一个方面，还应该分析该公司获得利润的方式。通过从利润表中挖掘的利润获得方式，投资者可以判断这个公司的盈利增长原动力，因为利润的来源比利润本身更有价值。

（2）优秀的公司通常都能很好地管理成本，尤其是销售成本。要想成为一个优秀的公司，首先要做的就是节约成本，尤其是销售成本，因为销售成本通常占成本比例较高。

优秀的公司销售成本越少越好。只有把销售成本降到最低，才能够把销售利润提升到最高。投资者要远离那些销售成本过高的公司，选择那些销售成本较低的公司。

（3）投资者在分析公司是否具有持久竞争优势时，最好从公司的利润表入手，因为利润表可以让投资者了解该公司在一段时期内的经营状况。一般来说，公司会在每个季度或者年末披露这些信息。

（4）公司长期盈利的关键指标是毛利润。公司的毛利润是公司运营收入的根本。只有毛利润高的公司，才有可能拥有高的净利润。观察公司是否具有持续竞争优势时，投资者可以参考公司的毛利率。

如果公司具有持续的竞争优势，那么其毛利率通常处于较高的水平。反之，如果公司缺乏持续竞争优势，那么其毛利率通常处于较低的水平。

投资大师巴菲特认为，如果一个公司的毛利率在40%以上，那么该公司大都具有某种持续竞争优势；如果一个公司的毛利率在40%以下，那么该公司大都处于高度竞业的行业；如果某一个行业的平均毛利率低于20%，那么该行业一定存在过度竞争。

（5）分析和衡量公司销售费用及一般管理费用的高低。在公司的运营过程中，销售费用和一般管理费用不容轻视。投资者一定要远离那些总是需要高额销售费用和一般管理费用的公司，努力寻找具有很低的销售费用和一般管理费用的公司。一般来说，这类费用所占的比例越低，公司的投资回报率就会越高。

公司的销售费用及一般管理费用越少越好，尤其是在利润下滑时期，更需要控制好这类费用，不然公司可能就会面临巨大的风险。

一个真正优秀的公司，其销售费用和一般管理费用都会非常少。只有懂得严格控制销售费用和一般管理费用的公司，才能在激烈的市场竞争中具有更大的竞争力。

（6）公司的利息支出越少越好。和同行业其他公司相比，那些利息支出占营业收入比例很低的公司，往往具有持续竞争优势。

利息支出是指公司在当期为债务所支付的利息。由于利息支出与公司生产和销售过程没有直接联系，所以它被称为财务成本，而不是运营成本。利息支出通常可以反映公司负债多少，负债越多的公司，其利息支出越多。

利息支出比例可以当作衡量同一行业内公司竞争优势的标准，通常利息支出越少的公司，其经营状况越好。对于投资者来说，获得回报的最好方式就是投资那些具有持续竞争优势的公司。投资者寻找投资目标时，越具有持续竞争优势的公司，其利息支出占营收的比例反而越小。

（7）分析公司的利润结构时，投资者要重视公司的非经常性损益。分析公司的经营状况时，投资者一定要关注并了解那些非经常性项目，这些偶然事件的收益或损失，不会长期影响公司的利润，毕竟这样的收益或损失不可能经常发生。

非经常性损益是指公司发生的与生产经营无直接关系，以及虽与生产经营相关，但由于其性质、金额或发生频率影响了真实、公允评价公司当期经营成果和获利能力的各项收入或支出。

6. 利润表结构分析

通过分析利润表，投资者应该知道公司的主要利润来自 3 个部分，即经营利润、投资收益和营业外收入，这 3 个部分构成公司利润表的三大支柱。

经营利润一般是指销售利润，是公司在其全部销售业务中实现的利润，包含主营业务利润。经营利润一般是公司的核心利润来源，所以有时也叫核心利润。

投资收益比较复杂，对于交易性的投资，特别是一些金融资产，其收益通常是不稳定的或者一次性的，比如公司购买的股票、基金或者投资性房地产等。

营业外收入是指与公司日常营业活动没有直接关系的各项利得。大多数公司的营业外收入都是不稳定的，主要是因为多数营业外收入项目都具有不可持续性。但是，有些公司的部分营业外收入会有稳定性，比如在一定时期内具有政策性支持的高科技公司的退税或补贴等。因此，在分析营业外收入时，需要看一下营业外收入项目的持续性和质量。

分析利润表时，投资者应多关注公司的利润是怎么形成的，哪些环节是公司的优势，哪些环节是公司的不足。重点关注利润的结构，清楚公司的利润是由哪些经营活动形成的，所占比例是多少，以便了解利润的发展方向，等等。

第二节　现金流量表的价值分析

现金流量表是反映一家公司在一定时期内（如月度、季度或年度）经营活动、投资活动和筹资活动对其现金及现金等价物所产生影响的财务报表。

现金流量表详细描述了由公司经营、投资与筹资活动所产生的现金流。现金流量表主要说明一家公司在经营时拥有多少资产，欠供货商与银行多少债务，以及向股东拿了多少钱来经营，等等。

1. 现金流量表中现金的含义

现金流量表中的现金是指货币现金、可以随时用于支付的存款和现金等价物。准确地说，还应剔除那些不能随时动用的存款，如保证金专项存款等。

现金等价物是指公司持有的期限短、流动性强、易于转换为已知金额现金、价值变动风险很小的投资。

2. 现金流量表的作用

现金流量表是以现金为基础编制的，反映公司在一定会计期间内经营活动、投资活动及筹资活动等对现金及现金等价物产生影响的会计报表。通俗地说，就是关于公司现金流入和流出的信息表。

现金流量表的作用主要表现在如下 6 个方面。

（1）现金流量表的主要作用是决定公司短期生存能力，特别是缴付账单的能力。它是反映一家公司在一定时期现金流入和流出动态状况的报表。其组成内容与资产负债表和利润表相一致。

通过现金流量表，可以概括反映经营活动、投资活动和筹资活动对公司现金流入和流出的影响，对于评价公司的实现利润、财务状况及财务管理，要比传统的利润表能提供更好的基础。

（2）现金流量表提供了一家公司经营是否健康的证据。如果一家公司经营活动产生的现金流无法支付股利与保持股本的生产能力，要用借款的方式满足这些需要，说明这家公司从长期来看无法维持正常情况下的支出。

通过现金流量表可以发现经营中产生的现金流量是充足还是不足，从而揭示公司内在的发展问题。

（3）一家优秀的公司在创造利润的同时，还应创造现金收益。通过分析现金流入来源，就可以评价创造现金的能力，并且可以预测公司未来获取现金的能力。

现金流量表揭示的现金流量信息，可以从现金角度对公司的偿债能力和支付能力做出更可靠、更稳健的评价。

公司的净利润是以权责发生制为基础计算出来的，而现金流量表是以收付实现制为基础的。通过比较分析现金流量和净利润，可以评价收益的质量。

（4）现金流量表可以体现出公司的现金净流量信息，从而能够对公司的整体财务状况做出客观评价。

（5）现金流量表能够说明公司在一定期间内现金流入和流出的原因，或者说体现出现金的来源和去向，从而全面地了解公司的偿债能力和支付能力。

（6）由于现金流量表区分了不同经营活动现金净流量情况，所以通过它能分析和评价公司经营活动是否有效，并对其效率做出评价。

3. 现金流量表的意义

（1）弥补资产负债表信息量的不足。

资产负债表的平衡公式可写成：现金 = 负债 + 所有者权益 − 非现金资产。这个公式表明，现金的增减变动受公式右边因素的影响，负债、所有者权益的增加（减少）导致现金的增加（减少），非现金资产的减少（增加）导致现金的增加（减少）。现金流量表中的内容尤其是采用间接法时，即是利用资产、负债、所有者权益的增减发生额或本期净增加额填报的，这样账簿的资料得到充分的利用，现金变动原因的信息得到充分揭示。

（2）便于从现金流量的角度对公司进行考核。

对一个经营者来说，如果没有现金，缺乏购买与支付能力是致命的。公司的经营者出于管理的要求，需要了解现金流量信息。

现金流量表划分经营活动、投资活动和筹资活动，按类说明公司一个时期流入多少现金，流出多少现金及现金流量净额，从而可以使大家了解现金从哪里来、到哪里去了。

（3）了解公司筹措现金、生成现金的能力。

通过现金流量表可以了解公司经过一段时间的经营，自己筹措了多少现金，生成了多少现金。筹措的现金是按计划用到公司扩大生产规模、购置固定资产、补充流动资金上，还是被经营方侵蚀掉了。公司筹措现金、生成现金的能力，是公司加强经营管理、合理使用调度资金的重要信息。

4. 现金流量表的分析方法

现金流量表以收付实现制为编制基础，是反映公司在一定时期内现金收入和支出情况的报表。分析现金流量及其结构，可以了解公司现金的来龙去脉和现金收支构成，评价公司经营状况、创现能力、筹资能力和资金实力。

分析现金流量表，既要掌握该表的结构及特点，分析其内部构成，又要结合利润表和资产负债表进行综合分析，以求全面、客观地评价公司的财务状况和经营业绩。因此，分析现金流量表可从以下两个方面着手。

（1）现金流量分析。

公司的现金流量由经营活动产生的现金流量、投资活动产生的现金流量和筹资活动产生的现金流量 3 个部分构成。

①经营活动产生的现金流量分析。

将销售商品、提供劳务收到的现金与购进商品、接受劳务付出的现金进行比较。在公司经营正常、购销平衡的情况下，二者比较是有意义的。比率大，说明公司的销售利润高，销售回款良好，创现能力强。

将销售商品、提供劳务收到的现金与经营活动流入的现金总额进行比较，可大致说明公司产品销售现款占经营活动流入的现金的比重有多大。比重大，说明公司主营业务突出，营销状况良好。

将本期经营活动现金净流量与上期比较，增长率越高，说明公司成长性越好。

②投资活动产生的现金流量分析。

当公司扩大规模或开发新的利润增长点时，需要投入大量的现金。投资活动产生的现金流入量补偿不了流出量，投资活动现金净流量为负数。但是，如果公司投资有效，将在未来产生现金净流入用于偿还债务，创造收益，公司不会有偿债困难。因此，分析投资活动现金流量，应结合公司的投资项目进行，不能简单地以现金净流入还是净流出来论优劣。

③筹资活动产生的现金流量分析。

一般来说，筹资活动产生的现金净流量越大，公司面临的偿债压力也越大。但是，如果现金净流入量主要来自公司吸收的权益性资本，那么不仅不会面临偿债压力，资金实力反而增强。因此，分析时可将吸收权益性资本收到的现金与筹资活动现金总流入进行比较，所占比重大，说明公司资金实力强，财务风险低。

（2）现金流量构成分析。

首先，分别计算经营活动现金流入、投资活动现金流入和筹资活动现金流入占现金总流入的比重，了解现金的主要来源。一般来说，经营活动现金流入占现金总流入比重大的公司，经营状况较好，财务风险较低，现金流入结构较为合理。

其次，分别计算经营活动现金支出、投资活动现金支出和筹资活动现金支出占现金总流出的比重，这能具体反映公司的现金用于哪些方面。一般来说，经营活动现金支出比重大的公司，其生产经营状况正常，现金支出结构较为合理。

5. 现金流量表实战分析

（1）自由现金流充沛的公司才是真正的好公司。

投资者进行价值分析时，需要仔细分析标的股票每年的现金流入和流出状况。虽然看自由现金流无法做到非常精确，但只有这样做，投资者才能找到真正具有投资价值的公司。

（2）有充沛现金流的公司通常会越来越好。

投资者选择投资标的时，应充分考虑公司的自由现金流是否充沛。自由现金流持续充沛的上市公司，必然具备强大的财务实力，而这种财务实力反过来又会促使公司更加快速发展。

在巴菲特投资理念中，真正值得投资的好公司，就是在公司运转的过程中，公司自身就可以产生充沛的自由现金流。不靠投资者后续投入，也不靠公司负债经营，就可以实现稳定发展，甚至推动经营业绩和自由现金流增长。因此，拥有充沛的现金流，是选择公司时考虑的重要因素。

（3）在分析现金流时，需要关注公司的资金分配状况。

投资者挑选股票时，要注意观察公司的盈余资金流向。不同的公司管理层会有不同的资金分配方式，如何分配公司的资金，是与公司所处的生命周期和发展进程密切相关的。

在公司发展初期，由于公司要设计和生产新产品，开拓产品市场，需要大量的资金，所以盈利产生的大多数资金自然会被投入到公司运营之中。

当公司到了快速增长阶段，一般来说，公司很难完全靠盈利的资金来支撑这种快速增长，大多数公司都会通过发行股票或者借贷资金来弥补资金缺口，这时候通常也不存在资金分配问题。

当公司进入成熟期，公司的增长速度变慢，公司盈利、资金收入将会高于其运营和发展所需要的资金，这时就要考虑如何分配盈余资金。通常来说，管理层会有 3 种选择：一是继续把这些过剩的资金全部用于内部再投资；二是把这些剩余的资金投资于其他公司；三是把这些剩余的资金以分红的形式返还给股东。

（4）现金流不能只看账面数字，还要分析现金流的来源。

自由现金流是衡量公司内在价值的重要指标。但是，投资者分析一个公司产生的自由现金流时，不能只看数字，还要考虑数字的来源构成。

现在有很多公司为了提高公司的估值水平，会弄虚作假来迷惑市场投资者，尤其是那些寻求投资或者并购的公司，他们总是喜欢粉饰财务数据，让数据变得很好看，从而得到很好的价格。所以，投资者分析现金流时，要擦亮眼睛，找出现金流的根本来源，这样才能更准确地判断公司是否具有投资价值。

还有一些公司的现金流背后隐藏着更加优质的利润来源，可能账面上资金显示的是盈利 1 元，但实际上可能还有 2 元的盈利没有体现出来，这样的公司更加具有投资价值。因此，投资者要通过账面数字分析其来源情况，挖掘出深层的利润来源。

第三节　资产负债表的价值分析

资产负债表是反映一家公司在某一特定日期（如月末、季末、年末）全部资产、负债和所有者权益情况的会计报表，是公司经营活动的静态体现。

其公式为：

资产 = 负债 + 所有者权益

资产负债表反映公司资产的构成及其状况，某一日期的负债总额及其结构，揭示公司资产来源及其构成，解释、评价和预测公司短期偿债能力。

资产负债表为会计上相当重要的财务报表，最重要的功用在于表现公司的经营状况。

1. 资产负债表的内容

资产负债表反映的是公司资产、负债和所有者权益的总体规模和结构。所以，资产负债表中主要涉及项目内容为资产、负债和所有者权益。

（1）资产。

资产负债表中的“资产”，反映由过去的交易、事项形成并由企业在某一特定日期所拥有或控制的、预期会给企业带来经济利益的资源。资产应当按照流动资产和非流动资产两大类在资产负债表中列示，在流动资产和非流动资产类别下进一步按性质分项列示。

流动资产是预计在一个正常营业周期中变现、出售或耗用，或者主要为交易目的而持有，或者预计在资产负债表日起一年内（含一年）变现的资产，或者自资产负债表日起一年内交换其他资产或清偿负债的能力不受限制的现金或现金等价物。

非流动资产是流动资产以外的资产。资产负债表中列示的非流动资产项目通常包括长期股权投资、固定资产、在建工程、工程物资、固定资产清理、无形资产、开发支出、长期待摊费用以及其他非流动资产等。

（2）负债。

资产负债表中的“负债”，反映某一特定日期企业所承担的、预期会导致经济利益流出企业的现时义务。负债应当按照流动负债和非流动负债在资产负债表中进行列示，在流动负债和非流动负债类别下再进一步按性质分项列示。

流动负债是预计在一个正常营业周期中清偿，或者主要为交易目的而持有，或者自资产负债表日起一年内（含一年）到期应予以清偿，或者企业无权自主地将清偿推迟至资产负债表日后一年以上的负债。资产负债表中列示的流动负债项目通常包括短期借款、应付票据、应付账款、预收款项、应付职工薪酬、应交税费、应付利息、应付股利、其他应付款、一年内到期的非流动负债等。

非流动负债是流动负债以外的负债。非流动负债项目通常包括长期借款、应付债券和其他非流动负债等。

（3）所有者权益。

资产负债表中的“所有者权益”是企业资产扣除负债后的剩余权益，反映企业在某一特定日期股东（投资者）拥有的净资产总额。它一般按照实收资本、资本公积、盈余公积和未分配利润分项列示。

2. 资产负债表的目的

资产负债表分析，是指基于资产负债表而进行的财务分析。资产负债表反映了公司在特定时点的财务状况，是公司经营管理活动结果的集中体现。

通过分析公司的资产负债表，能够揭示出公司偿还短期债务的能力，公司经营稳健与否或经营风险的大小，以及公司经营管理总体水平的高低等。

资产负债表的目的如下。

（1）揭示资产负债表及相关项目的内涵。通过分析资产负债表，投资者可以很清楚地了解公司各项负债结构情况。

（2）了解公司财务状况的变动情况及变动原因。通过分析资产负债表，投资者可以清楚公司的负债项目变动情况。

（3）评价公司会计对公司经营状况的反映程度。通过分析资产负债表，投资者能够清晰地了解公司的经营情况，财务状况是向着好的方向还是向着不好的方向发展。

（4）评价公司的会计政策。通过分析资产负债表，投资者可以了解公司的会计政策情况，同时管理者也可以评价公司的会计政策是否合理。

（5）修正资产负债表的数据。通过分析资产负债表，管理者可以发现其中的问题，从而出台新的举措来改善负债情况。

3. 资产负债表的作用

资产负债表必须定期对外公布并报送外部与公司有经济利害关系的各个集团。当资产负债表列有上期期末数时，称为“比较资产负债表”，它通过前后期资产负债的比较，可以反映公司财务变动状况。根据与股权有密切联系的几个独立公司的资产负债表汇总编制的资产负债表，称为“合并资产负债表”，它可以综合反映本公司以及与其股权上有联系的公司的全部财务状况。

（1）资产负债表能够清晰地反映公司资产的构成及其状况，分析公司在某一日期所拥有的经济资源及分布情况，可以揭示公司的资产及分布结构。

从流动资产来看，可了解公司在银行的存款以及变现能力，掌握资产的实际流动性与质量。从长期投资来看，可以掌握公司从事的是实业投资还是股权、债权投资，以及是否存在新的利润增长点或潜在风险。通过了解固定资产工程物资和在建工程情况，并与近几年同期比较，掌握固定资产消长趋势。通过了解无形资产与其他资产，可以掌握公司资产潜质。

（2）资产负债表可以反映公司某一日期的负债总额及其结构，揭示公司的资产来源及其构成。

根据资产、负债和所有者权益之间的关系，如果公司负债比重高，相应地，所有者权益即净资产就低，那就说明公司主要是靠债务“撑大”了资产总额，真正属于公司自己的财产并不多。

也可进一步分析流动负债与长期负债。短期负债多时，若对应的流动资产中货币资金、短期投资净额和应收票据、股利、利息等可变现总额低于流动负债，则说明公司不但还债压力较大，而且借来的钱成了被他人占用的应收账款与滞销的存货，反映出公司经营不善、产品销路不好、资金周转不灵。

还可以分析公司现今与未来需要支付的债务数额。负债总额表示公司承担的债务多少，负债和所有者权益的比重反映了公司的财务安全程度。负债结构反映了公司偿还负债的紧迫性和偿债压力大小，通过资产负债表可以了解公司负债的基本信息。

（3）资产负债表可以反映公司所有者权益的情况，了解公司现有投资者在公司投资总额中所占的份额。

实收资本和留存收益是所有者权益的重要内容，反映了公司投资者对公司的初始投入和资本累积的多少，也反映了公司的资本结构和财务实力，有助于报表使用者分析、预测公司生产经营安全程度和抗风险能力。

（4）资产负债表可据以解释、评价和预测公司的短期偿债能力。

偿债能力是指公司以其资产偿付债务的能力，短期偿债能力主要体现在公司资产和负债的流动性上。流动性是指资产转换成现款而不受损失的能力或负债离到期清偿日的时间。在资产项目中，除现金外，资产转换成现金的时间越短，速度越快，转换成本越低，表明流动性越强。

（5）资产负债表可据以解释、评价和预测公司的长期偿债能力和资本结构。

公司的长期偿债能力主要是指公司以全部资产清偿全部负债的能力。一般认为，资产越多，负债越少，其长期偿债能力越强；反之，若资不抵债，则公司缺乏长期偿债能力。资不抵债往往由公司长期亏损引起，还可能因为举债过多所致。公司的长期偿债能力一方面取决于它的获利能力，另一方面取决于它的资本结构。

（6）资产负债表可据以解释、评价和预测公司的财务弹性。

财务弹性指标反映公司两个方面的综合财务能力，即迎接各种环境挑战，抓住经营机遇的适应能力，包括进攻性适应能力和防御性适应能力。所谓进攻性适应能力，是指公司有财力去抓住经营中出现的稍纵即逝的获利机会。所谓防御性适应能力，是指公司在客观环境极为不利或因某一决策失误使其陷入困境时转危为安的生存能力。

公司的财务弹性主要来自资产变现能力，从经营活动中产生现金流入的能力，对外筹集和调度资金的能力，以及在不影响正常经营的前提下变卖资产获取现金的能力。

财务弹性强的公司不仅能从有利可图的经营活动中获取现金，而且可以向债权人举借长期负债和向所有者筹措追加资本，投入新的有利可图的事业。即使遇到经营失利，也可随机应变，及时筹集所需资金，分散经营风险，避免陷入财务困境。

（7）资产负债表可据以解释、评价和预测公司的绩效，帮助管理部门做出合理的经营决策。

公司的经营绩效主要表现为获利能力，获利能力可用资产收益率、成本收益率等相对值指标衡量，这样将资产负债表和利润表信息结合起来，可据以评价和预测公司的经营绩效，并可深入剖析公司绩效优劣的根源，寻求提高公司经济资源利用效率的良策。这有助于投资者动态比较资产负债，进一步分析公司经营管理水平及发展前景与后劲。

（8）资产负债表有助于评价公司的盈利能力。通常情况下，资产负债率应当控制在适度的比例。

如果属于无负债经营，那就说明公司的经营情况和盈利能力都很好。但这也存在一定的问题，那就是当股价被严重低估时，容易被恶意收购，同时也容易让投资者觉得资产利用率不高。如果负债太高，那么公司的抗风险能力就比较低，稍微遇到一些困难就会让公司陷入危局，尤其是一些负债率超过 100% 的企业，其已经资不抵债，这样的公司不具备投资价值。所以，市场上普遍认为一般资产负债率维持在 40%～60% 之间较为合适。

4. 资产负债表实战分析

（1）投资者通过观察资产负债表主要内容，可以对公司的资产、负债和股东权益的总额及其内部各项目的构成和增减变化有一个初步的认识。

公司总资产在一定程度上反映了公司的经营规模，它的增减变化与公司负债和股东权益的变化有极大的关系。当公司股东权益的增长幅度高于资产总额的增长时，说明公司的资金实力有了相对提高；反之，则说明公司规模扩大的主要原因是负债大规模上升，进而说明公司的资金实力相对降低，偿还债务的能力在下降。

（2）投资者进一步分析资产负债表的一些重要项目，尤其是期初与期末数据变化很大的项目，如流动资产、流动负债、固定资产、有代价或有息的负债、应收账款、货币资金以及股东权益中的具体项目等。

比如，公司年初及年末的负债较多，说明公司每股利息负担较重，但如果公司在这种情况下仍然有较好的盈利水平，那就说明公司产品的获利能力较佳，经营能力较强。再如，在公司股东权益中，如法定的资本公积金大大超过公司的股本总额，这预示着公司将有良好的股利分配政策。但与此同时，如果公司没有充足的货币资金作保证，那么预计该公司将会选择送配股增资的分配方案，而不会采用发放现金股利的分配方案。

（3）投资者如果遇到没有负债的公司，那必定是非常优秀的公司，真正优秀的公司是不需要借钱来经营的。

虽然不能绝对地从一个公司的负债率来判定公司的好坏，但如果一个公司能够在无负债或极低的负债率下还拥有比较亮眼的成绩，那么这个公司是值得投资者好好考虑的。巴菲特选择投资目标时，一定会选择那些负债率低的公司，因为他认为负债率越高，投资风险越大。

（4）投资者需要清楚，公司债务比率过高意味着高风险。巴菲特认为，一个好的公司并不需要很高的负债率，如果一个公司拥有很高的负债率，那么公司面临的风险就比较大，就像一辆不安全的车驶过一条坑坑洼洼的路一样，处处充满了危机。投资者做价值投资时，一定要尽量避开负债率很高的公司。

当前很多人信奉负债经营理论，认为负债经营不但可以有效降低公司的加权平均资金成本，还可以通过财务杠杆为公司带来更高的权益资本收益率。但巴菲特认为，负债经营并不是很稳妥的经营方式，他认为，只要是好公司或是好的投资决策，即使不靠财务杠杆，最后也一定能够得到令人满意的结果。

（5）企业的负债率因行业不同而不同。

不同行业的公司，负债率也是不同的。即使在同一个行业里，不同时期的负债率也会有所不同。观察一家公司的负债率时，投资者一定要拿它和同时期、同行业其他公司的负债率进行比较，这才比较合理。

（6）投资者分析资产负债表时，要关注固定资产的构成和所占比例。对投资者来说，公司的固定资产越少越好。投资者选择投资的公司时，要尽量选择那些生产不需要持续更新设备的公司，也就是说，投资者应尽量投资轻资产公司。

公司的房产、生产厂房和机械设备，几乎是每一家公司都必备的。一般来说，公司的房产、生产厂房和机械设备的总价值，会作为一项资产列在公司的资产负债表上，这项资产的数据是以初始购置成本减去累计折旧后剩余的价值。

（7）投资者分析资产负债表时，还需要重点关注公司的无形资产。无形资产属于不可测量的资产，公司的无形资产和有形资产一样重要，投资者挑选投资公司时，也要多了解一下公司的声誉如何。很显然，如果是靠 10 元有形资产产生 1 元利润和靠 1 元的无形资产产生 1 元的利润，必然是无形资产更有价值。

第四章　如何选择优秀的股票

第一节　选择具备成长价值的行业

行业选择是投资者取得成功的关键因素之一。只有选择好的行业，投资才能快速取得回报。反之，如果选择的行业不好，那么投资者取得投资回报的速度可能会很慢，甚至亏损。

由前面行业基本面分析中提到的行业生命周期来看，如果投资者选择的是朝阳行业，那么行业的发展潜力就会很大；如果投资者选择了夕阳行业，行业在走下坡路，没有新的发展潜力，投资者买入这种类型的股票，无疑会受到很大的煎熬。

有句话叫“只要站在风口上，猪都能飞上天”。如果一个行业正处在风口上，那么这个行业就会得到各种支持，包括政策支持、资金支持、技术支持等。比如，如果 2014 年投资方向选择互联网行业，那么投资者将会在短短两年时间里获得很多翻倍的机会；如果 2016 年投资方向选择了新能源行业，那么投资者在之后的两年时间里大都能够获得翻倍的机会。但是，如果 2011 年之后选择了煤炭行业，那么可能持股很长时间都难以取得好的回报。

投资者选择投资长期稳定的行业时，应重点关注行业的两大方面：一是考察该产业的吸引力，主要表现在产业平均盈利能力上；二是考察该产业的稳定性，产业稳定性主要表现在产业结构变化的程度上。

事实上，投资者选择长期稳定的行业时，首先需要考虑该行业的外部环境。行业的外部环境通常可以分为两大类。

一是宏观环境，这是由自然、人口、社会、经济、技术、政治、法律等因素组成的。

二是行业竞争环境，这是由行业内部的竞争对手、供应商、买方、替代品、生产厂商、潜在进入者等构成的。

宏观环境一般并不直接影响公司的经营，而是通过行业环境间接影响。因此，行业竞争环境对公司竞争优势的获得和维持具有最直接的影响力。

行业结构强烈地影响行业内公司竞争优势的确立及其可持续性。当某个行业的收益率持续下降或者维持较低水平时，投资者无法较好地获得长期利益，就会退出该行业，转移到其他收益率较高的行业。比如 2011 年后，煤炭、钢铁行情出现产能过剩，后续进行一系列的供给侧改革，钢铁和煤炭行业持续盈利能力减弱，因而很多投资者都不选择投资钢铁、煤炭行业，而是选择其他收益率较高的新兴行业。

当某个行业收益率水平持续高增长时，将会吸引新的投资资本进入，使该行业内竞争加剧，收益率下降。具备收益率高速增长的行业，是非常容易受到资本市场和投资者青睐的。

在实践中，有一些行业拥有较高的进入壁垒，而长期保持超出其他行业平均盈利水平的高收益率。投资者即使投资具有超额收益率的行业中的一般公司，也会有较好的回报率。

投资者要想自己的收益能够持续稳定增长，就需要寻找具有成长价值的行业。如果一个行业能够持续保持较高的吸引力和收益率，同时还保有较高的进入壁垒，那么该行业中的公司就具有保持持续竞争优势的良好环境条件。如此一来，在这些行业中更容易找到盈利水平高、竞争优势持续时期长的优秀公司。

投资者做交易决策前，一定要了解投资标的行业。投资者可以把投资范围限制在少数几个自己了解的行业。盲目投资不了解的行业是不明智的，一个理性而见多识广的投资者，通常可以比较精确地判断盲目投资的风险。

巴菲特1996年在给股东的信里说："投资者真正需要的是有正确评估所有投资公司的能力，并不需要成为每个行业都懂的专家。投资者只需要在自己的能力圈范围内正确评估几只股票就够了。每个人的能力圈有大小，但大小并不重要，重要的是知道自己的能力圈边界在哪里。"

只要投资者投资范围不超越自己的能力圈边界，懂不懂其他行业的知识，对你的投资没有一点影响。其实，投资者要做的很简单，首先要了解自己熟悉哪些行业，确定自己的能力圈范围有多大，然后在能力圈的边界内寻找具有投资价值的公司，在合适的时机买入。

第二节 选择具有竞争优势的公司

投资者选择具有成长价值的行业后，最重要的就是选择行业中具有竞争优势的公司。

有些投资者寻找投资目标时，往往只关注股价是否便宜。价值投资大师巴菲特告诉我们，选择公司时，应关注公司业务经营状况，要选择那些具有竞争优势的公司进行投资。以低价格买入一家好公司的股票，要比用高价格买入一家一般公司的股票好得多。

投资时，最关键的不是确定某个行业的收益率将会增长多少，而是要确定在这个行业中选择的公司具有竞争优势，而且更重要的是确定这种优势具有持续性。

一般来说，具有突出竞争优势的公司，通常具有超出行业水平的盈利能力，长期来说能够创造远高于一般公司的价值增值。

投资者应当集中精力，尽可能多地了解目标公司的业务经营情况。因为分析公司的业务经营情况，会让投资者更容易了解公司的竞争优势在哪里。

分析公司的竞争优势时，投资者需要清楚以下3个问题。

第一，公司的业务是否长期稳定，过去在行业中是否一直具有竞争优势，即关注公司的历史竞争优势。

第二，公司业务是否具有经营特许权，现在是否具有强大的竞争优势，即关注公司现有的竞争优势。

第三，公司现在的强大竞争优势是否能够长期持续保持，即关注公司未来的竞争优势。

价值投资通常都是长期投资，所以一定要非常重视公司是否具有良好的长期发展前景。公司的长期发展前景是由许多不确定的因素决定的，分析起来相当困难。投资者选择投资标的时，应当严格要求公司有长期稳定的经营历史，这样才能据此分析公司是否具有良好的发展前景，未来是否同样能够继续长期稳定经营，继续为投资者创造更多的价值。

投资者选择投资标的时，应当选择能保持业绩稳定的公司，公司应当在原有的业务上做大做强，使竞争优势能够长期持续。

选择投资标的时，投资者可以从以下 5 个方面考虑。

第一，选择盈利高的公司。公司盈利水平是公司价值最直观的体现，公司具有持续稳定的盈利能力，是投资者买入的重要参考标准之一。比如：贵州茅台这么多年来一直保持稳定的盈利增长，并且还是高盈利增长，因此，很多投资者和机构都对贵州茅台进行了长期价值投资。这些年贵州茅台不管是从盈利分红还是股价回报来看，都是投资者选择价值投资最成功的案例之一。

对于投资者来说，重要的是要看重公司的盈利能力，公司将来的盈利能力是投资是否成功的关键所在。

第二，选择价格合理的公司。并非投资者买到最好的公司股票，就一定会有最好的回报。因为投资想要取得成功，除了找到一个好的公司外，还需要在一个好的价格买入。何为好的价格，就是股票的价格与投资者计算的价值相比，有足够大的安全空间。也就是说，投资者应当在公司的价值被市场低估时买入。

在价值投资中，投资者找到具有竞争优势的公司后，买入其股票并不保证能获得利润。投资者应该首先评估公司的内在价值，确定自己准备买入的公司股票的价值是多少，然后将该价值与股票价格进行比较，以保证在理想的价格上买进。

第三，选择优秀管理人管理的公司。投资者选择投资目标时，也应该注重一个公司的优秀经理人，尤其是优秀的管理人团队，因为优秀的经理人更注重公司长期保持专业化的经营，只有专业化的经营，才能使公司的盈利能力更高。比如：房地产行业中，万科就是一家具有竞争力的团队管理的公司，万科的管理团队一直受到业界好评。以前很多人可能并不了解万科的管理团队，直到2016年发生万科股权之争时，万科强有力的管理团队才让大众知晓。

第四，选择具有超级资本配置能力的公司。投资者需要注意的是，能够体现管理层高超的资本配置能力的一个重要标志，就是管理层在公司股价过低时大量收购股份。但需要注意的是，管理与业务相比，业务才是公司发展的根本所在，因此投资者不能忽视公司的主要业务。

上市公司经理人的最重要的工作之一就是配置资本，资本配置对公司和投资管理都是至关重要的。资本配置的能力主要体现在，管理层能否正确地把大量资本投资于一些项目——它们未来能长期推动股东价值增长的最大化。可以这么说，在某种程度上，资本配置决定了公司未来的发展远景。

第五，选择负债率低的公司。一家优秀的公司应该可以不借助外在资本，仅用股权资本来获得不错的盈利水平。优秀公司的投资决策会产生令人满意的业绩，即使没有贷款的帮助也一样。如果公司是通过大量贷款来获得利润的，那么该公司的利润和获利能力就值得怀疑。

第三节　选择管理层优秀的公司

优秀的管理者可以把平庸的公司变成伟大的公司，而糟糕的管理者可以把伟大的公司变成平庸的公司。

优秀的公司更需要优秀的管理者，因此寻找优秀的管理层很关键。一般来说，优秀的管理者能够促进公司更加优秀，投资者分析公司时，要多关注公司管理层的品质和能力。

一个优秀的公司必然需要一个优秀的公司管理层。如果一个公司的管理层不够优秀，那么一般来说，公司的经营业绩也不会多么出色，就不足以吸引投资者的目光。如果管理层很优秀，就算公司本身还不是很优秀，优秀的管理层也会让公司逐渐变得优秀。

在很大程度上，公司管理层的能力和品质决定着该公司的发展走向和竞争优势。一旦公司能够找到优秀的管理层,该公司的发展前途就会不可限量。

上市公司管理层对各种资源进行计划、组织、实施和控制，以达到公司预期目标，公司董事长和公司高层领导班子的能力十分重要。

优秀的管理层需要做到以下 3 个方面。

第一，高层的竞争意识。公司高级管理层只有具有强烈的竞争意识，才能永不满足，锐意进取，积极推动公司长足发展。管理层是否具有强烈的竞争意识，关键是看管理层群体是否充满活力，是否具有一种强烈的从事管理工作的欲望，群体中每个人是否有影响他人的欲望，是否有与下属人员共同努力取得成果的欲望。

第二，高层的专业能力。投资者关注的专业能力是公司管理层的整体专业能力，而不是一两个人的专业能力。另外，管理层知识结构要合理，管理、销售、专业技能、财务等方面都不能偏废。

第三，高层的沟通协调能力。很大程度上，领导的艺术在于沟通协调。融洽的关系是协同作战的前提条件。这种沟通不仅局限于公司内部，也包括公司外部，比如同各种顾客、供应商、政府部门、社会团体等的沟通。

公司管理层影响公司的内在价值。公司管理层对公司的长期发展具有重大影响。选择投资公司时，投资者一定要记得观察公司的管理层状况，只有选对了管理层，投资回报才会更加丰厚。

投资者评估公司管理层是否优秀时，管理层的管理才能和人格品质是两项重要指标。只有两者兼备的管理层，才能为股东带来更多的回报。

考察公司的管理层是否优秀时，投资者可以从以下 5 个方面着手。

第一，考虑管理层的资本配置能力。从长远来看，资金分配决定了股东投资的价值，如何分配公司盈利，继续投资还是分配给股东等决策，是一个逻辑合理性的问题。

真正优秀的管理层可以充分发挥高超的资本配置能力，能够把公司充裕的资金投入到具有高回报率的项目中，从而促使公司内在价值增长，股东权益增加。而那些缺乏资本配置能力的管理层，经常把公司充裕的资金投入到一些毫无特色的项目之中，不仅损害股东的权益，甚至还会降低公司的内在价值，影响公司的长期发展。

第二，优秀的管理层是能够帮助公司渡过难关的。管理层是否优秀，在公司陷入困境时体现得更为明显。越是优秀的管理层，越能够让公司起死回生，峰回路转，投资者应该寻找具有这种优秀经理人的公司。

优秀的管理层对公司来说不可或缺，无论公司优秀与否，每个公司都有可能陷入困境。很多时候，只有这些优秀的管理层才能让公司死里逃生，渡过难关。

第三，优秀的管理层能够很好地控制经营风险。投资者寻找投资公司时，如果发现某家公司的管理层能很好地控制经营风险，那么投资该公司不失为一个明智的选择。

第四，公司的业绩。在一定程度上，公司业绩高低能够反映出公司管理层的管理才能。一方面，优秀的公司管理层能够给股东创造更大的收益回报；另一方面，更大的收益回报只有在优秀的公司管理层次上才能实现。所以，公司好的业绩和优秀的管理层是相辅相成的。

第五，管理层的品质。一个优秀的管理层不仅要具有非凡的管理才能，更重要的是要有优秀的人格品质。

第四节　选择经营逻辑清晰的公司

在分析目标公司时，一定要注重公司业务的分析，因为业务才是公司发展的根本。具有发展前景的业务是公司的饮水之源。投资者进行投资决策前，一定要先观察公司的业务，然后再考虑其他因素。

判断一家公司是否优秀，首先要分析的就是公司的业务，只有拥有好的业务，公司才能有更好的发展。

业务内容首先要简单易懂。经营业务越简单的公司，越可能具有持续竞争优势。选择投资公司时，投资者最好先从那些业务简单易懂的公司入手。

过于复杂的业务内容，只会加重投资者的风险。如果公司经营的业务过于复杂，那么公司运营的风险就比较大。另外，业务过于复杂，投资者也不太容易搞明白。所以，投资者要尽量远离那些经营业务过于复杂的公司。

太过复杂的业务容易造成不可预测的风险。如果某项业务的不确定性因素很多，那么该项业务的投资成功率就会很低。如果某项业务只有一个不确定性因素，而这个因素的成功率高达 80%，那么这项业务的投资成功率就是 80%。如果这项业务有两个不确定性因素，每个因素的成功率都是 80%，那么这项业务的投资成功率就是 64%。以此类推，不确定性因素越多，这项业务的投资成功率就越低。如果某项业务的投资成功率很低，即使该业务有再高的投资回报率，也不值得投资。

如果一个公司经营的是过去从来没有过的新型业务，那么投资者需要了解公司的这些新型业务。一项新业务可能是有前途的,也可能是没有前途的。如果碰到从事新型业务的公司，那么投资者要在认真了解该新型业务的基础上，根据它的价值来判断是否值得投资，而不是仅凭猜测直接肯定或否定这项投资。

第五章　利用价值分析挖掘翻倍牛股

第一节　价值分析的步骤

价值投资者就是要以好的价格，在好的时候，买到好的公司股票，即“三好”投资策略。

价值投资者如何才能找到适合投资的优秀公司呢？要把这件事做成功，价值投资者需要先做以下 8 步。

1. 宏观经济政策分析

中国的股市历来都是政策市，政策的变动直接影响股市的走势，所以了解政策面的变化，对投资者做交易决策是非常有帮助的。提前感知政策面的方针，能帮助投资者在股票投资中先人一步做好应对措施。

捕捉政策驱动牛股最好的方法，就是及时地关注和收集有用的政策信息，根据国家政策传导出来的信息，分析政策的指向性，看政策要向哪些方面倾斜，以及政策要对哪些方面收缩。

通过一些信息分析，如果能提前捕捉到国家政策布局的方向，那么投资者可以提前布局，及早买入具有国家政策倾斜的股票，这样就能坐收政策刺激带来的较大收益。如果投资者能够捕捉到国家政策将对哪些行业或方面进行紧缩，那么投资者可以提前规避这类个股，降低操作风险。

通过宏观经济预测和行业经济分析，可以判断当前经济所处的阶段和未来几年的发展趋势。这样，投资者可以进一步判断未来几年哪些行业具有较大的发展前景。

2. 行业分析

行业分析的目的是挖掘最具投资潜力的行业，进而选出最具投资价值的上市公司。由此可见，只有进行行业分析，才能更加明确地知道某个行业的发展状况，以及它所处的行业生命周期的位置，并据此做出正确的投资决策。

每个行业都有其行业特征，这些特征是直接决定公司投资价值的重要因素之一。进行行业分析时，投资者要确定以下 4 项内容。

（1）该行业的未来成长性如何，是否具有投资价值。

（2）该行业内的龙头公司有哪些。

（3）该行业内取得超越竞争对手的关键因素有哪些。

（4）该行业内的公司是否能够走向资本市场或存在并购的机会。

3. 构建潜在投资清单

分析完宏观经济政策和行业后，投资者要通过分析具有成长价值的行业内公司，构建自己的潜在投资清单即股票池。

构建潜在的投资清单时，投资者首先要确保所考虑的投资标的必须满足某些绝对标准。这些标准的目的是要选出行业内优秀的公司，并将可能出现的投资风险降到投资者可以接受的限度内。

对投资者来说，投资清单是非常重要的一步。如果构建投资清单时标的就选错了，那么在后续的评估和配置过程中，就无法取得很好的效果，其结果也会大打折扣。

4. 评估内在价值

确定了欲投资的行业之后，需要对所选行业内的个股进行内在价值分析。对股票进行内在价值分析，主要是为了让投资者选到好的公司。

股票内在价值的估算有很多种方法，一般来说，股利贴现模型最为简单，并被普遍使用。要量化评估某资产的内在价值现在是多少，以及将来随着时间推移会如何变化。

计算一个公司所有未来现金流的现值，要看公司各个不同的层面，包括历史财务数据、获利能力、营运稳定性、资产负债情况、竞争情况、未来前景、经营团队和其他因素。考量各项因素后得出的价值，要和市值相比较。

具有持续竞争优势的公司的内在价值，与众不同的是它拥有巨大的经济商誉，即公司超额盈利能力形成的经济价值，远高于有形资产净值的那部分。

5. 价格相对于价值的感知

分析标的股票现在的市场价格过高还是过低，比较的基准是这项资产的内在价值和历史价格，其他同类资产的价格，以及所有资产整体的理论上公允的价格。

在这一步中，需要明确 3 个方面：一是确定标的股票理论上公允的价格，也就是相对合理的估价；二是要清楚现在的价格相对于理论上公允的价格存在较大偏离；三是要了解清楚市场价格相对于价值变动的敏感程度，简单地说，就是价值出现稍微变动，价格也会跟随变动，甚至可能价格变动的幅度还会很大。

6. 内在价值与价格的安全边际分析

投资股票时需要适当的安全边际。股票价格远低于公司的内在价值，形成很大的安全边际，这表明公司股票具有很大的投资价值。如果低价买入并长期持有，那么就能获得很高的收益。

评估：当下价格相对其内在价值的合理性是高估还是低估；如果是高估，是否还有继续上涨的空间；如果是低估，低估多少，安全边际是否足够。

这个环节的目标是让投资者能在好的价格买到好的公司股票。影响投资结果最主要的因素就是价格，因此最关键的不在于你买到了什么，而在于你是用多少钱买的。

7. 构建投资组合

分析完内在价值与价格的安全边际后，要选择安全边际较高的股票作为投资对象。投资要想取得成功，不能将所有资金全部集中在单一股票上，为此，投资者需要构建投资组合，化解集中投资单一股票存在的风险。

构建投资组合时，投资者要根据评估价值和价格的信息来构建投资组合，确定组合中的股票由哪些行业的哪些个股组成，并且要确定每只股票所需分配的资金比例。

8. 动态评估潜在风险

投资者构建完成投资组合后，要对组合中个股所属行业和公司进行动态评估，评估组合内的股票是否存在某些风险，了解可能存在的风险以及可能对股票产生的影响。

通过评估潜在风险，投资者可以根据市场以及个人风险偏好和风险承受能力的变化进行适当的调整，从而保持较好的资产组合状态。

投资者评估潜在风险，主要是用于持有投资组合之后，根据组合内资产的表现进行资产配置的再平衡。

第二节　价值投资的买卖时机

在价值投资中，买入股票最重要的是遵守安全边际原则，在安全边际足够高的时候买入股票。

安全边际足够高是一个很难被量化的问题，因此投资者会比较困惑。怎样的安全边际才算是足够高呢？是否是市盈率足够低就代表股票的安全边际足够高呢？这需要投资者从股票的基本面进行综合分析。

投资者要按照价值投资的逻辑，分析标的股票的基本面情况。当基本面使投资有利可图时，投资者就可以买进股票。

1. 价值投资的买入时机

(1) 当安全边际足够高的时候可以买入股票。

投资者可以利用安全边际法寻找价格与价值之间的差价。差价越大，买入的安全边际就越大，风险就越小。

安全边际这个概念听起来很高深，其实很简单，就是寻找价格大大低于内在价值、质优价廉的便宜货。买便宜货的道理大家都懂，但股票毕竟不同于衣服。基于安全边际的价值投资策略，是指投资者通过公司的内在价值估算，比较其内在价值与公司股票价格之间的差价，当两者之间的差价达到足够高的安全边际时，投资者可以投资公司股票。

（2）当优质股票被短期影响的突发事件引起大跌后买进股票。

对于投资者而言，最好的投资机会莫过于一家优秀的公司遇到暂时的困难时。暂时性困难不会改变公司长期向好，但是公司遇到短期困难可能造成股价大跌，此时就是投资者最好的长期投资时机。

（3）研究发现某只股票具有很明显的成长价值，并且价格未被高估时买进股票。

价值投资要么买入价值被明显低估的股票，然后等待股价回归价值，从而赚取中间的差价；要么在估值合理时，选择具有明显成长价值的公司股票，随着价值的成长，股价很容易跟随上涨，如果投资者能够提前买入，那么就能获得价值增长带来的收益。

（4）当股票所处的行业处于复苏的转折阶段时买进股票。

各行各业都存在周期循环的特点，当某行业处于复苏阶段时，投资者可以买入股票。当然，最好是选择行业里比较优秀的公司的股票。当行业逐渐复苏时，行业内公司的盈利能力会得到逐步改善，市场景气度会逐渐转好，因此，该行业的公司将逐渐摆脱困境，向好的方向发展。此时买入股票，就能享受到行业复苏，行业内企业利润增长所带来的价值增长，从而容易促使股价上涨。

（5）当个股公司的基本面由坏逐渐变好时买进股票。

有些公司经常会在某一阶段面临困难，使得其基本面表现较差，因此股价往往也是萎靡不振。投资者要善于跟踪分析，当公司的基本面开始摆脱困境，逐渐向好的方向转变时，投资者可以买入股票。当基本面得以改善后，往往股价也会随之上涨。

（6）当预计某个重大利好事件即将发生时买进股票。

股票的价格往往会受一些事件的影响，尤其是一些重大事件，会给股价带来大幅度的波动。预计会有某个重大的利好事件发生时，投资者可以买进股票，等待利好事件发酵，股价上涨后再卖出股票。

很多投资者可能会有疑问，这不就是利用消息炒股吗，这怎么能算价值投资呢？实际上，消息也具有重要的价值元素。最关键的是要明确消息的准确性，如果消息准确，那么它就能带来实质性的价值投资机会。

2. 价值投资的卖出时机

按照价值投资逻辑，投资者分析标的股票的基本面情况，当基本面不足以支撑投资者有利可图时，投资者可以卖出股票。

下面，简单讲 9 种价值投资的卖出时机。

（1）当投资对象不再符合标准时卖出股票。

很多投资者持有股票都会有一定的标准，当所买的股票已经不再符合可以继续持有的标准时，可以卖出股票。这个标准因每个投资者设定的参考标准不同而不同，有的投资者可能以公司的市盈率作为标准，有的投资者可以以公司的盈利水平作为标准。

（2）当预期某个重大利空事件即将发生时卖出股票。

市场上总会出现各种不同的利好或利空消息，当投资者预期某个重大利空事件即将发生时，可以卖出股票。因为通常出现重大利空消息时，股价很容易下跌，甚至有的股价可能会大跌，所以投资者可以先卖出股票，避免股价下跌导致不必要的损失。

（3）当预期盈利目标得以实现时卖出股票。

每个投资者对于获得收益的想法都不尽相同，有的投资者希望股价能一直上涨，于是他便一直持有股票。有的投资者没有这样的想法，他们对于投资收益有一个既定目标，当目标得以实现时，就会卖出股票。比如，有的投资者买入 100 万元某只股票，预期盈利目标为 10 万元，当股票的盈利达到 10 万元时，则投资者卖出股票，将盈利落袋为安。

（4）买入股票后认识到分析股票犯了错误时卖出股票。

投资者往往无法全面分析股票的基本面，经常出现一些忽视的地方。投资者买入股票后，发现一些忽视的地方可能对股价产生重大的负面影响时，应当卖出股票。

（5）当股价已经出现明显高估时卖出股票。

股价被明显高估，通常是因为两种情况：一种是股价持续上涨后，明显高于价值；另一种是股价没有多大变化，但是基本面出现了价值下降，从而引起股价明显高估。此时，投资者应该卖出股票。

（6）当股价受短期的突发事件影响引起大涨后卖出股票。

股价很容易受到重大突发事件的影响。如果股价受到短期突发事件影响而引起股价大涨，那么投资者应当卖出股票。因为短期影响的突发事件不会使股票的基本面产生重大变化，所以股价大涨后，必然会出现价值回归，从而导致股价回落下跌。

（7）当个股公司基本面由好变坏时卖出股票。

投资者以价值投资买入股票后，需要持续跟踪上市公司的基本面。当上市公司的基本面由好开始变坏时，投资者要卖出股票。基本面变坏，意味着公司的盈利能力和价值都可能会下降，股价也很容易跟随下跌，因此，及时卖出股票是最好的选择。

（8）当研究发现某只股票已经明显没有成长价值时卖出股票。

投资者以价值投资买入股票后，要持续跟踪股票基本面的变化，发现该股票已经明显没有成长价值时，可以卖出股票。当公司没有成长价值时，也就意味着公司的发展前景堪忧，很多机构或专业投资者往往会抛售股票，从而使股价下跌。

（9）当发现更有吸引力的股票时卖出原有的股票。

投资者找到一只非常优质的标的股票，并且发现持有的股票已经失去原来的吸引力时，可以果断地卖出股票，将买入标的切换到更有吸引力的股票上去。

巴菲特遇到更有吸引力的公司股票时，一定会抛出那些吸引力较低的股票。因为只有这样才能优化投资，用最少的精力挣尽可能多的钱。

第三节　价值投资实战案例分享

价值投资只要方法运用得当，将会给投资者带来意想不到的结果。下面笔者给投资者分享一个真实的经典案例，来说明笔者是如何通过基本面跟踪分析，挖掘并通过错时配置，成功捕获新能源行业多只翻倍个股的。

笔者最早是从2016年开始重点关注新能源锂电池相关题材的。当时国家大力发展新能源汽车，新能源行业拥有各种优惠政策。从长期来看，新能源汽车相关赛道具备长期可持续发展的价值。

新能源锂电池题材在2016年国家政策大力支持阶段，相关个股迎来了一大波炒作。笔者通常会长期跟踪那些处于行业龙头地位的个股，在宁德时代没有上市前，当时作为第一梯队的个股为赣锋锂业、天齐锂业、亿纬锂能、当升科技，这几只股票成为当时的龙头领涨股。

钴作为新能源锂电池领域的重要材料，当时该领域的上市公司主要有3家，即华友钴业、寒锐钴业和洛阳钼业。其中，华友钴业布局最深，并且股性最为活跃，因此华友钴业也被列为长期跟踪标的。

在2016年至2018年新能源车大力发展阶段，锂电池行业得到了快速发展，常常出现供不应求的现象。电解钴的价格，从2016年最初的20万元左右一吨，逐渐上涨到2018年年初的60多万元一吨。

从2018年二季度开始，电解钴的价格逐渐下滑，市场需求开始逐渐减弱，直至2019年的六七月份，电解钴的市场价格再次回到20万元左右一吨。此时市场供大于求，电解钴的价格再次回到了2016年年初的市场价格水平，并持续维持低位振荡。

现货市场价格低迷，以至于上市公司利润下降，此时华友钴业的估价也从2018年年初的70多元下跌到2019年六七月份的20元左右。现货市场价格维持在20万元左右一吨，股价也在20元左右振荡。在这个时候，明显感觉市场价格和股价都产生了抗跌特性。在此阶段，笔者就把华友钴业纳入重点跟踪标的，并进行尝试性建仓，此时股价在21元附近。

2019年8月初，一则消息引爆钴市场，那便是大宗商品巨头嘉能可宣布全球第一大钴矿穆坦达（Mutanda）将在2019年年底停产。此消息一出，可以确定的是，未来一段时间里，钴行业的供需结构会产生变化，将会从供过于求逐渐变成供不应求的局面，那么市场价格必然会迎来上涨，上市公司利润也必定能够取得很好的增长。

有了这个确定性消息后，笔者再次加大仓位买入股票，此时股价在25元左右。之后便耐心持股，并持续跟踪现货市场的价格变化。果不其然，电解钴的价格在消息出来之后一路上涨到50多万元一吨，华友钴业大量库存被消化，市场供需结构变为供不应求，华友钴业的利润大幅增长，同时股价也从2019年六七月份的20元左右，一路上涨至2021年7月的115元。

在跟踪配置华友钴业的同时，笔者还配置了另外一只锂电池股票——赣锋锂业。赣锋锂业是锂电池行业的龙头企业，氢氧化锂产能全球第一。公司一直在强化全球锂行业的领先地位，并不断地加强上下游的整合。

跟踪前期锂电池第一梯队赣锋锂业、天齐锂业、亿纬锂能和当升科技时，之所以选择赣锋锂业作为投资标的，是因为这几只股票中亿纬锂能基本面一直处于很好的状态，但是股价已经提前涨了一段距离。天齐锂业走势跟赣锋锂业差不多，但是因扩张速度太快，业绩出现较大亏损。当升科技基本面表现良好，但是走势却很弱。所以，最后选择了基本面和走势都和华友钴业类似的赣锋锂业进行布局操作，当时买入成本在21元左右，其后股价一路上涨至2021年8月份的近160元，股价上涨了近8倍。

成功布局华友钴业和赣锋锂业后，笔者一直持续跟踪天齐锂业，因为天齐锂业是国内最大的锂电新能源核心材料供应商，国内锂行业中技术领先、综合竞争力强的龙头企业，全球最大的矿石提锂生产商。虽然因为快速扩张出现较多的负债，但是随着市场价格持续上涨，其盈利能力也会快速增加，如此一来，就能快速缓解其负债压力，从而让公司逐渐向好。在锂电池材料价格持续上涨近1年时间后，笔者通过对天齐锂业的持续跟踪分析，认为天齐锂业业绩会持续向好，因此在2020年10月份开始逐渐买入布局操作，当时买入的成本价在20～23元之间，其后股价一路上涨至2021年8月的

143 元。

从以上交易中可以看出，很多中长期价值投资的大牛股都是以基本面的支撑作为基础条件，并且投资的价值在于行业发展前景的支撑和个股基本面的改善及较好的成长性，然后在好的买入时机进入并耐心等待，就能获得比较可观的收益。

第六章　行业价值投资专题研究

价值投资研究有四大方面，即宏观研究、策略研究、行业研究和个股研究。在做行业研究时，投资者要深入思考行业的商业模式是什么，产品有没有竞争力，财务状况是不是安全，管理层和股东是不是有能力，等等。

第一节　白酒行业专题研究

1. 白酒行业发展历程

中国从古至今都有很深的白酒文化，不论天南地北哪个地方，白酒往往都是餐桌待客的必备品，所以白酒深受中国人民喜爱，白酒投资也是很多投资者的偏好所在。

白酒行业的发展近年经历了以下 3 个重要阶段。

1980 年代以前，各种白酒处于散、小、乱阶段，各地都有自己的白酒品牌，区域性较强，品牌认知度不高。直到 1988 年起，白酒行业开始逐渐兴起，出现了白酒发展的黄金 10 年。这 10 年中，很多白酒品牌依靠广告快速崛起。直至 1998 年，汾酒出了“假酒事件”，加之政府反腐和金融危机，白酒行业受到很大的打击，之后出现了几年的低迷期。

2002 年 1 月 1 日，中国正式加入世界贸易组织，经济获得快速发展，白酒行业再次迎来了黄金发展的 10 年。在这 10 年里，各种白酒品牌争相抢占市场，市场对品牌的认可度逐渐增强，贵州茅台得到了飞跃发展，市场品牌地位也在这 10 年间彻底确立。2012 年，酒鬼酒出了“塑化剂事件”，定价比茅台还高的酒鬼酒从此跌落神坛，再次让白酒行业经历了一轮大分歧。

2012 年之后，白酒行业经历了 3 年的弱势期。直到 2015 年下半年开始，白酒行业景气度再次回升，市场上各类白酒的品牌分层更加明显，贵州茅台占居市场品牌第一位，白酒的品牌影响力和市场认可度高度结合。随后几年，除了贵州茅台，品牌影响力发展较快的还有五粮液、泸州老窖、洋河股份、山西汾酒、古井贡酒等品牌。

2. 白酒行业发展现状

在投资者眼里，白酒行业就是长期的现金牛，因为白酒行业成本低、利润高，并且多数中高端白酒都是先付款再拿货，因此很少出现应收账款。如此一来，对投资者来说，白酒企业是绝佳的投资标的。从一线白酒长期走势来看，确实酒类行业在走长期慢牛的走势。

目前，白酒行业面临着以下 4 个问题。

（1）品牌竞争加剧。

随着人们对品牌的认可度和忠诚度越来越高，白酒市场的品牌竞争越发激烈。目前，各大白酒品牌市场争夺大战到了白热化阶段，一线品牌除了大量投入广告之外，还不停地变换各种包装、品类等，以便取得人们的认可，从而扩大市场的占有率和品牌认可度。

（2）市场整体产量呈现下滑趋势。

随着近几年疫情的持续，市场经济增速放缓，国家限制“三公”消费和中央八项规定等因素的影响下，我国白酒行业的整体产量呈现下滑趋势。2022 年 6 月 1 日正式实施的《白酒工业术语》《饮料酒术语和分类》两项白酒新国标规定，调香型白酒被划入调制酒类，不能再称为白酒；固液法白酒和液态法白酒明确不得使用非谷物食用酒精和食品添加剂，这就意味着勾兑酒将退出历史舞台，而纯粮食酿造的高品质白酒价值将会得到进一步提升。

（3）价格分化比较严重。

随着市场品牌竞争的加剧，多数一线品牌都加大中高端酒的推广力度。他们希望用中高端酒来树立品牌，并且通过提高中高端酒的价格来打造市场定位，从而使人们从品牌和价格上就能感受到产品属于高端白酒系列产品。

但是，由于前面 10 来年各个白酒企业对品牌的打造力度不同，目前市场上已经有很明显的梯队划分，比如贵州茅台和五粮液已经成为市场普遍认可的一线品牌，泸州老窖、山西汾酒、洋河股份、古井贡酒等被市场认为是准一线品牌。实际上，市场上之所以会出现这样的认知，主要还是前期打造品牌时，后面的这些品牌没能持续且准确地打动消费者。

（4）假酒拖累行业发展。

市场上有句话叫“哪个行业有暴利，哪个行业就有造假的人”，白酒行业也一样。白酒行业本身进入门槛就低，并且生产成本也很低，因此，对于很多优质品牌来说，中高端酒由于价格高而出现暴利。市场造假者就是看到了这一点，铤而走险制造高端假酒，他们利用假酒和假标签来欺骗消费者，这让很多消费者对中高端白酒总有一种怀疑心理，担心买到假酒。

3. 白酒行业的未来发展趋势

白酒市场的发展趋势和稳定性，还是要回归到供需结构和分销结构上来，尤其是中高端品牌的白酒，更要处理好多种关系。

（1）协调供需关系。

从供需结构上来看，各大品牌要想稳住市场地位和价格，其高端白酒一定不能供大于求，只有稀缺才能让品牌更有价值，也能更好地维持高价。

（2）优化和加强销售网络。

白酒销售网络的建立，对于各大白酒品牌投向市场非常重要。只有优化和加强销售网络建设，才能让白酒占领更大的市场，从而提高市场占有率和销售利润。

（3）加强消费者培育，打造自己的品牌故事。

高端名酒和低端酒有不同的打法，全国性名酒品牌力好，关键是做好核心终端点。地方性名酒品牌力差，但有地方资源，核心是要做好消费者培育。

对市场消费者来说，酒的品牌文化会有很大吸引力。比如“国酒茅台”简单的几个字，就让人觉得高端、大气、上档次。再如江小白，通过一些比较有意思的语言或图形设计，创造了跟消费者的“共情点”，形成了一种独特的品牌文化，让消费者产生强烈的共鸣，从而快速地占领市场。

总体来说，白酒行业本身利润极高，但是因为品牌众多，竞争加剧，现在已经进入了白银时代。随着消费者对白酒认知的成熟，辨别能力增强，白酒行业里的落后产能将被优质产能替代。拥有优质产能的企业，将拥有更好的发展机遇。有品牌、有口碑、有创新能力的白酒企业，将会表现得更好，其股价也能长期维持上涨趋势。

第二节　医药行业专题研究

医药行业是一个历史悠久的行业，承载着治病救人的崇高使命。随着人们生活品质不断提高，追求健康的诉求愈发强烈，因此医药行业发展前景极为广阔。

在股票市场中，医药行业是一个进可攻、退可守的行业，而且历史上医药行业牛股频出。不光在国内，在国外，医药行业也是经常出大牛股的行业之一。消费升级这个概念，在医疗领域是比较实用的，随着经济的快速发展，人们都想获得更好的医疗保障。

政府出台政策，提出“健康中国”的概念，企业积极响应政府号召，政策利好不断。比如 2018 年，政府工作报告强调了医药行业发展的重点，应当在医疗领域推进“互联网 +”，加强癌症等重大疾病的防治攻关，推进医疗价格、药品流通、医保支付改革；支持社会力量增加医疗服务供给，外商投资扩大医疗领域开放；基本医保补助再提高，推进分级诊疗，支持中医药发展，食药监管加快实现全程追溯。

医药行业目前上市的股票比较多，涉及各个医药细分领域。市场占有率高的上市公司，其中包括恒瑞医药、乐普医疗、复星医药、药明康德、长春高新、爱尔眼科、片仔癀、广誉远、欧普康视、迈瑞医疗等。

医药行业的细分领域很多，并且上市公司非常多，所以投资机会也非常多。投资者只要好好地研究每个细分领域的龙头企业，就能很好地挖掘出龙头上市公司的投资价值。

医药行业可以分为医药制造、医药流通和医疗服务等几大板块，每个板块又可以继续细分。例如，医药制造包含药品（化学药、中药、生物药）和器械等，医药流通包含医药分销和零售药店等，医疗服务包含连锁医疗机构和医药研发合同外包服务机构等。

在医药板块中，很多专业投资者比较认可将医药行业分为6个板块进行分析。

1. 生物医药板块

生物医药产业由生物技术产业与医药产业共同组成。生物医药属于典型的“高投入、高风险、高产出、长周期”行业，这些特点造就了生物医药企业的发展极不平衡。对于生物医药企业来说，“创新”是企业发展的灵魂。

伴随着国内政策对生物医药的大力支持，以及国内一些领先的龙头企业不断钻研和创新，生物医药板块的龙头企业保持了稳健快速增长，恒瑞医药就是这个板块最优质的龙头之一。

2. 化学制剂板块

化学制剂是指药品的活性成分是化学合成药物，主要以西药为主。这个板块是传统制造业，类似于化工厂。近几年，行业受医保控费、控制药占比、发改委要求药品降价、抗生素限制用药等诸多政策影响较大，制药企业正在逐步消化价格压力。该板块未来的成长空间，主要看各医药品种是否能够进入新的医保目录，从而打开市场空间。

3. 中药板块

中药板块是中国特有的，是中国经过数千年的历史沉淀，经历无数代医者的心血总结出来的国粹精华。

如今市场上很多中药都得到了大家的一致认可和好评。近几年来，政府越来越重视中药行业，并且逐渐引导中药走出国门，走向世界。

在中国，有些传统中药老字号长期受到市场青睐，比如片仔癀、同仁堂、东阿阿胶等，其价值非凡。

4. 医疗器械板块

医疗器械是指直接或者间接用于人体的仪器、设备、器具、体外诊断试剂及校准物、材料以及其他类似或者相关的物品，包括所需要的计算机软件。医疗器械的效用主要通过物理等方式获得，不是通过药理学、免疫学或者代谢方式获得，或者虽然有这些方式参与，但只起辅助作用。

医疗器械前些年一直属于暴利行业，随着近几年竞争加剧，医疗器械行业的利润有所下滑，但整体依然保持稳健增长，只是板块内部的业绩分化明显。部分医疗器械公司在外延并购带动下业绩保持快速增长，比如迈瑞医疗。也有部分细分领域的龙头公司，虽然在某些领域具有技术优势，但随着竞争的加剧，公司业绩增速明显放缓，比如开立医疗。

5. 医疗服务板块

中国人口众多，随着老龄化的不断加剧，加之社会疾病种类越来越多，并且趋于复杂化，使医疗服务显得尤为重要。近些年来，医疗服务板块整体保持稳健增长，政府对部分公立医院资产的市场化运作持开放态度，有利于上市公司完成区域的并购和连锁，比如爱尔眼科、欧普康视等。

公司在整合阶段，往往会带来大量的管理费用，从而拉低利润端的增长。

因此，投资者要对公司并购的规模和节奏有充分的预期，以便更好地预测未来利润端的增长。

6. 商业服务板块

医药行业的商业服务主要是指药品的批发与零售。目前，药品批发依靠行业集中度的提升，其毛利率得到了很大的提升。零售规模持续增长，药品零售获取的利润也大幅增长。相信没有多少人会在医院或者药店讲价的，所以，该板块未来可能还会持续实现利润高增长。

综合来看，医药行业是孕育大牛股的行业，投资者最主要的是分析清楚各个领域具有龙头地位的个股，了解清楚个股主营业务的发展前景和规模。

第三节　新能源车行业专题研究

近年来，能源问题已经成为世界性问题。因为能源紧缺、二氧化碳排放过量、环境污染等，汽车行业的发展受到很大制约。面对这一困境，开发和使用新能源汽车，已成为当今及未来汽车工业发展的必然方向。

随着政策的大力支持，近年来，全球新能源汽车的研发力度和产业化进程有了明显提升。新能源汽车进入大规模产业化的重要阶段，并且带动了整个产业链的蓬勃发展。

1. 新能源车发展历程

简单回顾一下这些年我国新能源汽车的发展历程。

2009 年—2012 年是推广第一阶段。十城千辆，25 个城市开展新能源汽车推广应用试点，并发购车补贴，处于产业酝酿期。

2013 年—2015 年是推广第二阶段。88 个示范城市推广新能源汽车，目标是将新能源汽车规模扩大到 33 万辆，使产业快速发展。

2016 年，由于骗补事件持续发酵，行业开始整顿。可以说，2016 年，整个新能源汽车行业都被“骗补”清查贯穿始终，这一年是新能源汽车的调整之年。

2017 年—2018 年，新能源汽车市场盘整，补贴标准提升退坡明显，双积分政策实行，行业进入后补贴时代，市场驱动力增强。

从 2019 年的情况来看，国内的新能源汽车市场发展状况不太好。总结其原因主要是：

第一，宏观经济下行导致汽车行业整体表现不佳。

第二，国五换国六的过程中，燃油车对新能源车形成了严重的挤压。业内有一个共识，即同款的新能源车比燃油车要贵 2 万元，消费者是能接受的。但是，2019 年国五换国六的时候，有些燃油车的车型打了 5 折或者 6 折，导致新能源汽车的吸引力大幅下降。

第三，2019 年的补贴降得比较急，很多车企都应对不足。以前国家两年调整一次政策，车企有足够的时间去做车型布局。但是 2018 年之后，国家开始一年调整一次，而且政策出台的时间比较晚，所以大部分车企没有足够的时间和精力去应对车型的改款。

2019 年—2022 年，这几年是新能源汽车发展最快的阶段。随着各种技术的突破，新能源汽车越来越受到市场消费者的青睐。

2. 消费者购买新能源车的制约因素

一直以来，消费者购买新能源车的制约因素主要有 6 点，即成本太高、里程焦虑、电池环境耐受性较弱、充电时间过长、产品安全性有待改善和保值率低。

（1）成本太高。

这不单是指购买新车的成本高，还包括后续更换电池设备的成本。前些年，新能源车的价格普遍高于一般燃油车的价格，让消费者感觉其性价比一般。并且，新能源车开到一定的里程或年限时，还需要更换电池，这又会增加购置成本。

（2）里程焦虑。

新能源汽车主要依靠电池供电，前些年新能源车的电池仅能提供新能源车行驶 200 多公里的里程，对消费者来说，用起来很不方便。

（3）电池环境耐受性较差。

新能源车的电池，耐高温或耐低温的性能普遍较差，很容易在高温或者低温环境下出现问题。因此，电池的使用环境受到制约，让消费者有些担忧。

（4）充电时间过长。

对消费者来说，新能源车的体验感是非常差的。如果使用燃油车，要是没有油了，在加油站几分钟就能加满油。使用新能源车，如果电池没电了，消费者需要先找到充电桩，然后再等待几个小时充电，这样太浪费时间，太消耗精力，致使消费者望而却步。

（5）产品的安全性有待改善。

前些年，经常看到有报道说新能源车出现事故，新能源车出现故障的频率也偏高。不过，近几年来，随着技术的不断进步，产品的安全性得到了很大改善。

（6）保值率低。

大家都知道，刚买完的新车，出门后再卖往往就成了 8 折产品，这就意味着汽车的保值率非常低。而由于前面的几个问题，新能源车往往贬值更快。

3. 新能源车产业化进程加速

中国新能源汽车的产业化发展，给全球汽车电动化转型提供了借鉴。从全球范围来看，汽车的电动化已成了不可阻挡的趋势。

不过，需要注意的是，尽管中国新能源汽车市场是推动全球汽车电动化转型的“急先锋”，但产业的发展仍然面临诸多不可回避的问题。国家信息中心经济咨询中心副主任李伟利曾表示，我国新能源汽车市场目前仍处于政策驱动为主的阶段，市场化程度依然比较低。在他看来，政策性市场是有规模上限的，新能源汽车要想实现快速发展，必须依靠非政策性市场。

宁德时代董事长助理孟祥峰认为，目前新能源汽车在大规模市场化之前，还面临诸多痛点，这些痛点均与动力电池有关。

比亚迪推出刀片电池，旨在进一步提高电池的能量密度，并降低成本。刀片电池的推出，不仅推动了行业内围绕动力电池展开的技术升级，也增强了普通消费者对动力电池技术革新的关注。

近几年来，新能源车行业的电池技术不断突破，各种高性能的电池技术不断地出现并逐渐运用，相信用不了多久就能出现非常优质且安全、高效、充电时间短、续航里程长的新能源车电池。

4. 配套升级产业链将会得到快速发展

随着社会化和智能化进程的加速，汽车行业的整个产业配套升级也将迎来非常剧烈的转变。

（1）无人驾驶技术。无人驾驶技术已经实测很多年了，现在已经较为成熟。特斯拉无人驾驶车已经比较常见，国内华为联合其他车企推出的无人驾驶车极狐，也受到了市场消费者的好评。

无人驾驶技术是传感器、计算机、人工智能、通信、导航定位、模式识别、机器视觉、智能控制等多门前沿学科的综合体。

在目前无人驾驶领域中，中国自主技术已经逐渐走向成熟，无人驾驶汽车的关键技术包括环境感知、导航定位、路径规划、决策控制等。

环境感知模块相当于无人驾驶汽车的眼和耳，无人驾驶汽车通过环境感知模块来辨别自身周围的环境信息，为其行为决策提供信息支持。环境感知模块主要以传感器为主，包括摄像头、激光雷达、毫米波雷达，以及红外、超声波雷达等。目前，国内无人驾驶技术通常运用激光雷达和毫米波雷达。

导航定位模块需要精准的卫星导航定位 + 航迹推算 + 地图匹配，这几项的精准性决定了自动驾驶行动轨迹的准确性。

路径规划模块是在已知或未知的地图情况下，通过计算机算法来对路径选择进行准确抉择。

决策控制模块相当于无人驾驶汽车的大脑，其主要功能是依据感知系统获取的信息来进行决策判断，进而对下一步的行为进行决策，然后对车辆进行控制。

国内无人驾驶领域在技术上越来越成熟，但在实际行驶过程中，基于国内目前的交通现状，无人驾驶多数只是处于有相关功能配置，完全以无人驾驶替代人工驾驶还需要很长一段路要走。

（2）智能座舱技术。随着目前智能化程度越来越高，汽车智能化也在加速推进，智能座舱技术将会得到快速发展。

喜欢逛车展的人应该会发现一个现象，那就是现在多数汽车的轿厢内越来越智能化，电子屏也越来越大，越来越多，车载功能也越来越全面。因此，智能座舱系统越来越受到购车人的青睐。

智能座舱系统主要是为了给驾驶员和乘客带来更加安全、舒适、智能的驾乘体验。智能座舱系统主要分为智能座舱内饰和智能座舱电子。

智能座舱内饰包括座椅、灯光、空调等，用户可以对座舱内各内饰功能进行控制，伴随语音语义识别、机器视觉等技术的发展，座舱内饰的智能化程度逐渐提升。

智能座舱电子包括全液晶仪表、车载信息娱乐系统、车联网模块、抬头显示（HID）、流媒体后视镜等汽车电子设备。座舱电子是人车交互的中枢，体现着整车智能化水平。具备支持人脸识别、语音识别、手势识别、高清显示、主动安全报警、实时导航、在线信息娱乐、紧急救援等功能和服务。

智能座舱产业链可分为上游、中游、下游 3 个环节。上游环节可分为硬件和软件部分，硬件部分主要包括功率半导体、显示面板、PCB 以及芯片等。软件部分包括底层操作系统，基于操作系统能够衍生出中间软件和应用程序等。中游主要包括驾驶显示系统相关的仪表、信息娱乐系统等零部件，通过与上游的软硬件整合，集成到下游的终端车厂形成完整的智能座舱系统。

目前，智能座舱的发展速度很快，未来市场的需求会更加强劲。因此，智能座舱未来的发展潜力是非常大的，相关产业链会在相当长的一段时间内出现持续性供需两旺的现象。

（3）汽车电子技术。汽车智能化离不开电子元器件的加持，因此汽车电子技术也会得到快速发展。

汽车电子是车体汽车电子控制装置和车载汽车电子控制装置的总称。车体汽车电子控制装置，包括发动机控制系统、底盘控制系统和车身电子控制系统。

汽车电子最重要的作用是提高汽车的安全性、舒适性、经济性和娱乐性，用传感器、微处理器 MPU、执行器、数十甚至上百个电子元器件及其零部件组成电控系统。

随着人们对汽车智能化和性能的要求不断提高，汽车在制造过程中对汽车电子的要求也越来越高。汽车电子是汽车的核心中枢，车规级电子元器件更是汽车电子的重要组成部分。其中包含集成电路 IC、分离半导体器件、分离光电子器件、MEMS 传感器、多芯片组件 MCM 模组、无源器件等。

汽车电子是伴随着汽车换代升级而升级，未来人们对汽车的要求越来越高，同样对汽车电子的要求也越来越高。随着新能源汽车深入发展和燃油车未来逐渐退出市场，汽车电子方面的需求也会有很好的市场空间。

综合来看，在未来相当长的一段时间里，新能源车行业将会得到快速发展，行业内的竞争会更加激烈，新能源车的整体性能会得到很大提升，智能化程度也会越来越高。

新能源车板块牵扯很多的产业链，分析新能源车时，需要分析各个重要细分领域的龙头个股，这些公司未来将会得到很好的发展，其股价也更容易上涨。

第七章　价值投资的风险研究

第一节　价值投资风险评估

投资者进行价值投资时，首先考虑的是投资风险，而不是预期回报。投资者关注的公司风险越小，甚至没有风险，获得的回报就越多。

投资者进行价值投资时，要关注公司的长期业绩，并将长期收益与当前股价、外部环境、当前政策以及发展前景结合起来，综合判断公司面临的风险有多大。

投资是面向未来的，而未来是不确定的，投资的风险与不确定性有关。因此，面对风险时，可能的做法有两种：第一种是规避风险即不投资，这样的结果是，规避了风险的同时，也丧失了获利的机会；第二种是控制风险，通常的做法是在同样的收益下，选择风险最低的投资品种。

投资者应当学会采取各种措施减小风险事件发生的可能性，或者把可能的损失控制在一定的范围内。因此，做价值投资时，投资者要学会评估风险，以避免风险事件发生带来难以承受的损失。

1. 宏观风险评估

宏观风险评估主要包含宏观政治风险评估和宏观经济风险评估。

（1）宏观政治风险评估。

宏观政治风险是东道国的政治环境或东道国与其他国家之间的政治关系发生改变，给外国投资企业的经济利益带来不确定性。给外国投资企业带来经济损失的可能事件包括没收、征用、国有化、政治干预、东道国政权更替、战争、东道国国内社会动荡和暴力冲突、东道国与母国或第三国关系恶化等。

政治风险是一国发生的政治事件或一国与其他国家的政治关系发生变化，对公司造成不利影响的可能性。

目前国际政治环境日趋复杂化，使得政治环境风险与日俱增，股市走势经常因为一些复杂的政治风险而产生剧烈波动。

（2）宏观经济风险评估。

宏观经济风险具有潜在性、隐藏性和累积性。

宏观经济风险的潜在性，指的是宏观经济风险总是与宏观经济系统相伴而生，宏观经济发展和运作本身就蕴含着经济风险。

宏观经济风险的隐藏性，指的是虽然宏观经济风险总是潜在的，但在多数情况下它是隐藏在经济系统内部的，并不会明显地表现出来，只是到了一定的时候才会暴露出来。

宏观经济风险的累积性，指的是宏观经济风险会随着社会经济矛盾的不断加深而日益增大，当累积到一定程度时，就会引发经济危机。

随着我国不断扩大对外开放，国家经济的国际化进程在加快，国际资本给国内经济带来了重大影响。因此，有必要从国际资本流动的角度来分析宏观经济风险问题。

宏观经济风险形成的原因具有复杂性和多重性。通常情况下，单一因素不可能造成经济波动和经济体系动荡，只有多种因素共同作用，才会造成这样的影响。当然，在不同的经济条件下，各种因素对宏观经济风险的影响是不一样的。在某些情况下，特定因素起主导和决定作用；而在另一些情况下，其他因素起主导和决定作用。

2. 政策风险评估

政策风险是指政府有关证券市场的政策发生重大变化，或有重要举措、法规出台，引起证券市场的波动，从而给投资者带来风险。在市场经济条件下，由于受价值规律和竞争机制的影响，各个企业都在争夺市场资源，都希望获得更大的活动自由，因而可能会触犯国家的有关政策，而国家政策又对企业的行为具有强制约束力。

另外，国家在不同时期可以根据宏观环境的变化而改变政策，这必然会影响企业的经济利益。由于政策存在调整的可能性，国家与企业之间会产生矛盾，从而产生政策风险。

企业在对政策风险进行管理时，首先要提高对政策风险的认识。对资产重组过程中面临的政策风险，应及时地观察、分析和研究，以提高对政策风险客观性和预见性的认识，充分掌握资产重组政策风险管理的主动权。

其次，要对政策风险进行预测和决策。为防止政策风险的发生，应事先确定资产重组的风险度，并对可能的损失有充分的估计。通过认真分析，及时发现潜在的政策风险，并力求避免。在风险预测的基础上，做好风险项目的重点管理，采取各种预防措施，力求降低风险。

政策风险管理应侧重分析潜在的政策风险因素，并采用科学的风险分析方法。通过有效管理政策风险，可以避免或减少不必要的损失。

3. 行业风险评估

行业风险评估主要包含行业政策风险和行业前景风险。

（1）行业政策风险评估。

国内绝大多数投资者都知道，中国的股市属于政策市场，只要政策指向哪里，哪里就有好的发展机会，因此投资者必须要了解国内政策。如果投资者能够吃透政策，那么对于获得收益就会增加一定程度的保障。同时，如果投资者能够清楚政策的导向，那么当一些风险政策出现时，投资者就能及时规避这些风险。

比如：2016 年国家政策对新能源行业大力倾斜，因此后面几年新能源行业相关市场得到了快速发展，相应地，上市公司的股价也表现较好。如果投资者准确判断了行业政策，那么就会在这段新能源快速发展期获得丰厚的利润。之后，随着新能源行业的快速发展，行业刺激性政策逐渐退坡，2021 年对于新能源行业的支持政策更是大幅减弱，从其后上市公司的股价情况可以看出，新能源板块出现阶段见顶信号。

（2）行业前景风险评估。

行业前景风险评估，主要是对行业所处的生命周期阶段进行评估，以判断行业投资价值。

每个行业都要经历一个由成长到衰退的发展演变过程。行业的生命发展周期主要包括 4 个发展阶段，即幼稚期、成长期、成熟期、衰退期。

如果行业处于幼稚期，那么这个阶段行业的多数公司投入可能会比产出大，公司利润大都比较低，甚至出现负利润。

如果行业处于成长期，那么这个阶段行业的多数公司处于盈利增长期，公司利润大都比较可观。

如果行业处于成熟期，那么这个阶段行业竞争加剧，行业内多数公司很难获得超额利润，因此公司利润会比较稳定。

如果行业处于衰退期，那么这个阶段行业内多数公司的利润容易出现下滑。

投资者要评估行业的生命周期，以判断买入的股票处于哪个阶段，防范出现风险。

4. 公司风险评估

公司风险评估主要包含经营风险评估和财务风险评估。

(1) 经营风险评估。

经营风险主要指的是由于公司的外部经营环境和条件以及内部经营管理方面的问题，造成公司收入变动，从而引起投资者收益的不确定。比如，上市公司经营不景气，甚至失败、倒闭，给投资者带来损失。

上市公司经营、生产和投资活动的变化，导致公司盈利发生变动，从而造成投资者收益本金减少或损失。经济周期或商业营业周期变化对上市公司收益的影响，竞争对手变化对上市公司经营的影响，上市公司自身的管理和决策水平，等等，都可能导致经营风险。比如，投资者购买垃圾股或低价股，就可能承担上市公司退市的风险。

(2) 财务风险评估。

财务风险是指公司因筹措资金而产生的风险，即公司可能丧失偿债能力的风险。公司财务结构不合理，往往会给公司造成财务风险。公司的财务风险主要表现为无力偿还到期债务、利率变动风险、再筹资风险等。形成财务风险的主要因素有资本负债比率、资产与负债的期限、债务结构等。一般来说，公司的资产负债比率越高，债务结构越不合理，其财务风险越大。

投资者降低财务风险的方法比较简单，只要购买债务较低的公司股票就行。但是，选择举债少的公司股票也有缺点，因为这些企业在经济扩张时期收益和股息的增加,往往落后于那些将债务作为公司资本结构一部分的公司。所以，减少财务风险是以减少潜在收益为代价的，投资者需要在这两者之间进行权衡。

5. 市场风险评估

市场风险评估通常是对两方面风险进行评估，一是系统性风险，二是非系统性风险。

（1）系统性风险。

系统风险又称市场风险，也称不可分散风险，是指由于某种因素的影响和变化，导致股票市场上几乎绝大多数股票价格下跌，从而给股票持有人带来损失的可能性。系统性风险主要是由政治、经济及社会环境等宏观因素造成的，投资人无法通过多样化的投资组合来化解风险。

系统性风险对股市影响面大，一般很难用市场行为来化解，但精明的投资人可以从公开的信息中，结合对国家宏观经济的理解，做到提前预测和防范，提前调整自己的投资策略。

（2）非系统性风险。

非系统性风险又称“非市场风险”“可分散风险”，一般是指对某一个股或某一类股票发生影响的不确定因素。比如上市公司经营管理、财务状况、市场销售、重大投资等因素，它们的变化都会对公司的股价产生影响。此类风险主要影响某一只或某一类股票，与市场中的其他股票没有直接联系，投资者可以通过分散投资的方法来抵消该种风险。

6. 潜在风险评估

潜在风险评估主要是对一些可能影响股价波动的潜在突发性事件进行评估。

在股票投资市场上，投资者经常会遇到各种不确定事件，这些事件发生的概率及影响程度是无法事先预知的，这些事件对投资者的交易产生影响，从而影响投资者盈利目标实现的程度。

突发事件风险，是指由于突发事件使发行股票的企业正常运营受到影响，企业未来预期盈利下降或产生损失，是企业发生了重大的事先没有料到的风险。

偶然事件风险的本质在于，事件本身无法预知，并且发生后实质影响短期内难以量化，由此带来投资操作上的不确定性。例如，公司因自然灾害导致停产、公司被恶意收购、高管突然病故等，这些事件的发生，必然会对公司短期运营和业绩构成影响，在市场尚未充分消化事件风险时，股价会出现短期巨大的波动。在实际操作中，偶然事件风险往往只对股价走势构成短期影响。如果投资者确定公司价值不会改变，那么股价下跌会提供难得的买入机会。

出现偶然事件后，投资者应该对风险进行全面的分析评估，然后再采取相应的措施去减少、化解或规避风险。

第二节 价值投资的风险回避

在国内，很多投资者总是幻想一夜暴富。从多年的实践过程来看，只有极少数投资者能够成功做到这一点，因此，投资者不要想着能在股市中一夜暴富。

价值投资大师巴菲特曾说：“成功的秘诀有 3 条，第一是尽量规避风险，保住本金；第二是尽量规避风险，保住本金；第三是坚决牢记第一条和第二条。”从中可以看出，巴菲特是特别重视投资风险的。

对于投资者而言，“规避风险，保住本金”这 8 个字说起来容易，但做起来实在很难。

世界上没有只涨不跌的市场，也没有只赚不赔的投资。目前，国内证券市场成熟度不高，信息不对称，经常暴涨暴跌的股票市场中，如果投资者不顾一切地盲目投资，无疑是一种危险行为。

价值投资最忌讳的是风险，但在投资中无法完全消除风险，所以投资者只能通过各种方法和技巧尽可能地回避风险。在具体操作中，投资者回避风险需要掌握以下 10 个原则。

1. 选择最熟悉的股票进行投资

在巴菲特的投资理念中，选择最熟悉的股票进行投资，是他在投资操作中的一条重要原则。这一道理看似简单，并且很多投资者也都懂，但在实际操作中很少有投资者能做到。因为在具体实践中，很多投资者必然带有过多的主观感情色彩，缺乏足够的客观性。

笔者涉足股票市场这么多年，接触过的投资者成千上万，迄今为止只遇到一位投资者将这一原则贯彻到底，当然，这位投资者在他投资的股票上也获得了丰厚的利润。

2. 做中长线价值投资

中长线投资符合经济和股市的发展规律，实践也证明，中长线投资的收益要比短线投资大得多。长期跟踪沪深两市优秀上市公司后可以发现，绝大多数优秀的上市公司，长期以来股价都是呈现持续性波段上涨的。因此，如果投资者做中长期的价值投资，那么平均下来年化收益率是非常高的。

3. 适当分散投资

投资者买入股票时，不要把所有资金全部押注在一只股票上，除非这只股票有绝对确定的机会。但在股市中，除非内幕交易，否则很难获得确定性机会。因此，投资者要尽可能地适当分散投资。

适当分散投资中的“适当”非常重要，适当就意味着不是过度分散。很多投资者认为投资越是分散，就越能降低风险，实则不然。虽然分散投资降低了风险，但也很难取得良好的收益。

4. 购买长期绩优成长股

购买长期绩优成长股，远离业绩差、无发展潜力且遭市场冷落的个股。

买入绩优、有发展潜力且调整比较充分的个股，经过一段时间，就可以获取较丰厚的回报。就算一旦被套，解套获利也是指日可待。反之，如果买了那些业绩差、无发展潜力且处于高位的个股，那么就有可能长期被套，难以翻身。

当然，购买绩优成长股，有购买时机和购买价格的选择问题。如果在不恰当的时间以不适当的价格买入，那就很难回避短期风险。

5. 耐心等待好的买入时机

投资者买入股票时，要等待最佳的买入时机。有一句话叫“在价值投资中，如果买入的时机不对，那也可能无法取得良好的收益”。

价值投资是一场马拉松竞赛，而非百米冲刺，比的是耐力而不是爆发力。对于短期无法预测、长期具有高报酬率的投资，最安全的投资策略是先等待机会，然后再投资。

大多数投资者都明白，如果股价处于下降通道，那么投资者参与操作，无疑是将风险无形中放大了好多倍，成功率就会大大降低。如果投资者买入的是上升通道的股票，那么投资者操作成功的概率就会大增。所以，投资者需要耐心等待好的投资机会。

6. 遇风险及时退出

对普通投资者而言，投资路上总会遇到不可预测的风险，这种时候，很多投资者仍然抱着一丝侥幸心理,但正是这种心理让他们越陷越深。事实上，正确的做法就是无论暂时斩仓有多么痛苦，都应该坚决退出。

投资者应看准时机及时退出，以避免大市和个股见顶回调带来的风险。大市和个股的走势是波浪式前进的，正如大海的波浪有波谷和波峰一样，大市和个股的走势也有底部和顶部之分。在一段时间里，大市和个股有较大升幅时，就算没有政策干预或其他重大利空，技术上的调整也是必要的。

通常来说，股价涨幅越大，其调整的幅度也越大。大市和个股出现见顶风险时，投资者若及时卖出离场，就能避免见顶回调带来的风险。

7. 切勿满仓操作

笔者向来反对在股票交易中满仓操作，任何时候都要为第二天可能出现的不确定性情况预留一定比例的资金。不管是价值投资还是短线投机，都要为后市的不确定性情况留下风险准备金。

如果投资者在牛市中满仓操作，可能会享受牛市带来的收益，但也会错过一些更好的机会。如果投资者在熊市中满仓操作，那么就会长期处于套牢之中，无法自拔。

8. 选择特别优先股

优先股股东有优先于普通股股东获取公司盈利的权力。特别优先股可以给投资者特别的保护，这类股票在股价上拥有更高的安全边际。

所谓优先股，是相对普通股而言的，主要是指在利润分红及剩余财产分配的权利方面优先于普通股。在公司分配利润时，拥有优先股的股东比持有普通股的股东分配在先，并且享受固定数额的股息。优先股的股息率是固定的，普通股的红利却不固定，要视公司的盈利情况而定。公司因解散、破产等原因进行清算时，优先股股东也可先于普通股股东分取公司的剩余资产。

9. 正确运用安全边际

安全边际是价值投资的核心。尽管公司股票的市场价格涨落不定，但许多公司具有相对稳定的内在价值。高明的投资者能够大致衡量股票的内在价值，以及当前交易价格相对内在价值的偏离情况。

基于安全边际的价值投资策略，是指投资者通过估算公司的内在价值，比较其内在价值与公司股票价格之间的差价，当两者之间的差价即安全边际达到某一程度时，就可以投资该公司的股票。

10. 随市场环境的变化而变化

任何时期、任何行情最大的投资机遇和最大的投资风险，一定来自价值标准的变化。同样的青菜在春夏秋冬有不同的价格，因为在不同时期体现的价值不一样，人们衡量它的价值标准也不一样，价格自然就不同。

这样的逻辑同样适用在股市中。为什么说价值标准变化给行情带来的投资机会和风险是最大的呢？很明显，同样的股票，在业绩没有变化的情形下，如果盈利标准从 25 倍降低到 10 倍，那就意味着这只股票的价格要跌去 60%。反之，如果某一类股票的估值标准从 10 倍市盈率提升到 20 倍市盈率，那就意味着这只股票的上涨空间将达到 100%。

第三节　远离价值投资陷阱

价值投资里面的陷阱非常多，如果投资者不注意，就很容易掉入价值投资陷阱。因此，投资者要学会如何回避价值投资陷阱。学会回避价值投资陷阱之前，投资者首先要了解，市场上经常出现的价值投资陷阱到底有哪些。

1. 周期性陷阱

在进行价值投资过程中，很多投资者会研究股票的基本面，却容易忽视分析股票的周期性。

在宏观经济和各行各业中，周期性都是普遍存在的，只是周期长短存在差异。一个行业的景气周期可能持续几年，也可能持续 10 年甚至更长，只是时间长了，很多人就忽略了其周期性。比如，汽车、钢铁、房地产、有色金属、石油化工等，都是典型的周期性行业。

既然是周期性行业，那么它们就具备周期性行业的特点，产品价格、需求以及产能都是呈周期性波动的，明显的表现就是行业景气度的变化。如果投资者在景气度上升时买入股票，那么其安全性和盈利的概率就会很大。如果投资者在景气度下降时买入股票，那么其风险性和亏损的概率就会很大。所以，投资者进行价值投资时，要分析行业的周期性。

2. 忽略行业分析陷阱

很多投资者只想一味地选择个股，却从来不分析个股的行业情况。投资者要明白，在好的行业里比较容易选出好的公司，在差的行业里选出好的公司就比较困难。这就好比在尖子班里找成绩好的学生，会比在普通班里找成绩好的学生要容易很多是一个道理。

如果投资者忽视行业分析，那么很可能在行业供过于求的时候选择了该行业，这样面临的风险就会高很多。比如，如果投资者在 2011 年选择了产能过剩的钢铁和煤炭行业，那么在后面几年中成功盈利的机会是很少的。

另外，每个行业都有自己的生命周期。30 年前，自行车生产厂家如日中天，如今早已经被汽车所替代。10 多年前，大多数人还没有手机，中国移动或许是成长股。现如今，中国移动或已经进入现金牛区间，它有可能产生很多利润，但利润增长却很乏力。

由于很多行业生命周期的跨度很长，可能是几十年，所以往往被人忽略。

投资者买入某只股票时，要清楚了解该股票处于行业生命周期的什么阶段，未来该行业是否具备长期增长价值。

3. 看长做短陷阱

所谓看长做短，就是投资者长期看好某只个股，但在交易时只做短期操作。看长做短在很多普通投资者身上表现得十分明显。

价值投资本身就是长期投资模式，很多投资者原本买入某只股票时，就是计划长期持有做价值投资，但在实际操作时，发现股价涨了一些，就迫不及待地卖出，将盈利落袋为安。后来股价持续上涨时，又急冲冲地买入股票，待股价上涨获利后，又再次卖出股票，如此反复。这样的操作很容易让投资者最终无法获利。

这里有一个经典案例。有一位投资者 2019 年计划在 16 元附近买入富满微，长期持有做价值投资，后来股价上涨至 22 元附近，该投资者选择卖出股票。之后，股价上涨至 32 元附近后，待股价再次回落到 23 元附近时，该投资者又买入了富满微，等股价上涨至 30 元附近时再次卖出。后面多次往复操作，富满微的股价也从 16 元一直上涨到 178 元，该投资者通过多次短线操作，在该股上盈利也颇为丰厚。但是，当股价调整到 160 元附近时，该投资者再次买入该股票，随后短期内股价一路下跌，该投资者被深套其中，将前期所有的盈利全部吞噬殆尽，还出现了本金的亏损。

很明显，这位投资者看到了富满微的长期价值，却进行了短期操作，其结果就是让原本丰厚的盈利变成了深套和亏损。

4. 市场供需陷阱

从长期供需关系来看，市场总是处于非平衡状态。供需关系决定着市场价格，同时也影响着公司的利润。如果供大于求，那么市场供应过剩，会导致市场价格下降，从而使公司利润下降。如果供小于求，那么市场供应紧缺，会导致市场价格上涨，从而使公司利润增长。

各个行业的供需关系总是不断变化的，某一时期可能供大于求，然而到了另外一个时期，则可能供小于求。因此，分析公司价值时，投资者要考虑公司产品的供需关系。

5. 估值陷阱

估值陷阱，就是一只看起来估值很低、非常便宜、非常具备内在价值的股票，最终却遇到了人们无法预料的黑天鹅事件，或者行业被其他新兴科技取代，使得这只股票的价格越来越低，市盈率越来越高，最终形成“戴维斯双杀”。看起来很有价值的公司，最终越来越不值钱，使投资者损失惨重。

估值是价值投资最核心的问题。理论上，优秀的上市公司估值越低，其安全性和投资成功率就越高。但是，如果投资者单纯以估值来选择股票，那么也是很容易出错的。

股价受到各种综合因素的影响，并非靠估值来单一衡量。因此，做价值分析时，投资者不要仅仅依靠估值做出判断。

价值投资中，通常会用市盈率来作为衡量一家公司估值的指标。市盈率越高，代表估值越高；市盈率越低，代表估值越低。但是，股票估值并不是越低越好，如果股票估值很低，同时增长率也很低，或者出现负增长，依然可以说明这只股票不是太好。

6. 成长陷阱

成长陷阱，就是投资者以高价买入一只看起来具备高度“成长性”的股票，但股票最终没有兑现投资者预期的高成长，或者经历短期的成长之后，所谓的“成长”戛然而止，投资者需要承担高价买入后产生的损失。

投资成长股的前提是上市公司必须要有好的质量。许多公司从财务报表上看都是在增长，但往往利润报表的增长和这家公司没有直接关系。成长陷阱的本质就是成长具有不可持续性。

如今市场瞬息万变，即使一家企业今年各项经营数据非常漂亮，明年可能就会惨不忍睹，直接导致亏损很多钱。

短期快速成长并不意味着长期能够不断创造价值，因为并非所有的成长都是良性的。因此，进行成长价值分析时，一定要用较长时间的历史数据来进行持续性分析，如此才能增加成功的概率。

成长股要成长，就必须不断推陈出新，然而新产品的投入成本是巨大的，相应的风险也是巨大的，而收益却是不确定的。尤其是科技型公司和医药类公司，要想持续成长，需要耗费巨大的投入和漫长的研发周期，而最后的成败往往还难以预测。

第四节　价值投资的误区

价值投资知易行难。很多投资者认为找到优秀公司然后长期持有该公司股票很难，实际上更难的是对公司价值及价值变动方向、变动速度、变动幅度等进行相对确定的动态评估，同时还要将价值与价格关系、自身规律等因素结合起来进行综合性评测，以实现科学决策。

很多投资者进行价值投资时，对价值投资会产生很多误解。

1. 认为价值投资很容易

价值投资并不是买入一只股票然后一直持有就可以，价值投资最难的是对公司的价值进行评估。对于价值投资来说，只要在评估公司价值的各环节中任何一个环节出现差错，就会导致价值评估的结果出现偏差。

价值投资的安全边际是建立在内在价值的判断上。如果对内在价值的评估和判断出现偏差，那么投资者就会做出错误的决策。

2. 认为股票价值判断对了就一定能赚钱

价值投资是一种非常考验耐性的投资，因为价值投资持有的时间比较长。很多时候，投资者虽然能正确判断股票的价值，但不一定能做对。在买入等待的过程中，投资者很容易发生心态和投资策略错位。

股票不会因为股价低于价值就不再继续下跌，股票具体能下跌多少，投资者无法知道，什么时候股价能够反转，投资者也不知道。所以，当买入的股票长期产生浮亏时，投资者的心态就会产生很大的变化，很容易质疑自己最初的投资策略，很可能因为心态变化而斩仓出局，使得浮亏变成真亏。

3. 认为价值投资就一定安全

价值投资需要结合价格和内在价值去评估安全边际。只有具有足够的安全边际，才可以确保更多的确定性和更低的容错率。内在价值的评估和安全边际的判断是大多数投资者的难题。内在价值评估必须要全面且准确，只要有任何一个环节出现差错，整体的价值评估就会存在偏差。一旦价值评估出现偏差，安全边际就会出现差错，价值投资就会变得极其危险。

4. 认为价值投资就可以满仓操作

价值投资对股票价值的评估和安全边际的判断要求较高，投资者不要因为是价值投资就可以满仓操作,要随时为不确定性风险留有足够的安全资金。因为投资者无法确定自己对股票的价值评估和安全边际的判断一定准确，所以股票可能存在一些未知的风险。既然存在未知的风险，投资者就不能满仓去冒险。

5. 认为所有人都适合价值投资

价值投资对投资者的专业性要求极高。

首先，股票价值评估和对安全边际的判断就能难倒大多数投资者。

其次，价值投资通常是长期持股，这对没有耐心和喜欢频繁交易的投资者来说是一大煎熬。市场上很多投资者没有耐心，并且喜欢频繁交易。

再次，价值投资经常会面对一段较长时间的亏损期，而市场上很多投资者长时间面对亏损时会着急难耐，心态无法平静。

以上 3 点足以排除大多数投资者参与价值投资。因此，并不是所有人都适合价值投资，相反，只有极少数人适合价值投资。

6. 认为价值投资就是长期持有

长期持有本身不是目的，长期持有是为了等待低估的价格回归价值，是为了等待公司价值成长，从而带动价格上涨，这才是长期投资的根本。但如果股价当前就远高于公司价值，即使公司价值仍能不断成长，继续持有也失去了意义。因为即使未来数年内，公司通过价值成长能达到或超越现在的价格，无非是通过时间让价值赶上价格，价格继续上涨已无任何确定性。相反，大多数情形是股价会以大幅下跌的形式来直接找价值，因为股票出现严重高估，往往是市场疯狂的牛市末期，市场的长期有效性这时会发生作用，通过市场的自身调节来实现价值回归。同时，调节往往是矫枉过正，使市场进入低估的另一个市场无效状态。

7. 认为买入优秀的公司就等同于价值投资

把买入优秀公司等同于价值投资，这是严重的本末倒置。公司价值成长是为了带动价格成长，但如果价格已经透支了公司多年的成长，那么价值成长也很难为价格继续上涨带来正面作用，优秀的公司仅是公司价值成长的一个保障而已。优秀的公司会有成长期和成熟期，不够优秀的公司并非没有高速成长期。

因此，买入优秀公司可能是价值投资，买入不够优秀的公司也可能是价值投资。买入低估的成长不够的公司，同样可能是价值投资。持有公司是价值投资，卖出公司也是价值投资。买入同一个公司，有的是价值投资，有的不是价值投资。即使同时同价买入又同时同价卖出，也有的是价值投资，有的不是价值投资。关键是买卖的动机和理由是什么？价值投资的本质在于，你每次操作的理由是否基于公司价值、价格确定性，即投资的安全边际，并非操作本身。

第八章　价值投资策略研究

价值投资策略是在股票投资交易中，投资者为尽可能地避免风险、获取理想收益而综合采取的策略。价值投资决策的原则是，选择那些收益高、风险小、变现性好的上市公司为投资对象。

第一节　集中投资策略

集中投资策略是指投资者选择少数几种可以在长期波动中产生高于平均收益的股票，将大部分资金集中在这些股票上，不管股市短期涨跌，坚持持股，稳中求胜。

集中投资是获得超额收益的良好途径。分散投资在分散风险的同时，也会分散收益。很多投资者之所以不敢重仓持有股票，基本上都是对所要购买的投资标的没有胜算。在正确的投资理念中，如果投资者对其购买的公司没有把握，哪怕一股也不应该买入，正所谓只做最有把握的行情，只买最有把握的股票。

1. 集中投资股票的类型

多元化投资通常是针对无知的一种保护，这不仅不会降低投资者的投资风险,还会分摊你的投资利润。集中投资反而可以帮助投资者集中获取收益。集中投资要想取得成功，关键在于精心选股。投资者要将更多精力花在对投资标的公司的考察以及内在价值的评估上，而不是频繁地买进和卖出。

一般说来，投资者可以集中投资以下 3 种股票。

（1）集中投资最优秀的公司。

相信市场投资者都想投资那些业务清晰易懂、业绩持续优异、管理层能力非凡且能为股东着想的优秀公司。这种公司能给投资者带来更大的安全感，但是买入这种公司，并不能充分保证投资者一定能够盈利。投资者不仅要在合理的价格上买入，而且买入的公司未来业绩还要与估计相符。但是，这种寻找超级明星的投资方法给投资者提供了走向成功的重要机会。

如果投资者能够清楚地了解公司的经济经营状况，并能够发现几家具有长期竞争优势且价格合理的公司,那么用传统的分散投资对其来说毫无意义，那样反而损害投资成果，并增加投资风险。投资者应该集中投资那些已经了解清楚的优秀公司。

（2）集中投资熟悉的公司。

做熟不做生，这是投资市场中经常说的一句话。就是说，投资者要尽量做自己熟悉的股票，不要做自己不熟悉的股票。因为越是熟悉的股票，你对它就越了解，越了解操作起来风险就越低。如果投资者买入不熟悉的股票，就会因为不知晓该股票存在的其他风险而增加亏损的可能。

这里有一个经典案例，有一位投资者朋友有 16 年的投资经历，在这 16

年的投资过程中，他只做北方稀土这一只股票。他是从 2007 年开始以 12 万元本金买入北方稀土的，其后他也多次进行过买卖交易，但是一直都只做这一只股票。截至 2021 年年底，该投资者朋友在这只股票上盈利达到了 70 多万元。很多投资者可能会觉得，16 年时间才盈利 70 多万元不算多，但是不要忘了，股票市场上绝大多数投资者都是长期处于亏损状态，并且在这 16 年间还经历了两轮牛熊市行情。在跟他交流时，他说道，长期以来他只关注这一只股票，所以他对北方稀土这个公司非常了解，因此交易起来特别得心应手。

投资者为了真正规避风险，投资时必须遵循一个能力圈原则。投资者不需要成为通晓每一个行业或每一家公司的专家，只要能够评估自己能力圈范围内的几家公司就足够了。能力圈大小并不重要，重要的是你要很清楚自己能力圈的边界。

市场上只有少数公司是非常确信具有长期投资价值的，投资者找到这样的公司后，就应当集中投资。长期来看，投资者已经认真研究，而且确信可以在有吸引力的价位上买入时，就可以大规模集中投资少数几只股票。这样集中持股的策略往往会产生丰厚的投资回报。

（3）集中投资风险最小的公司。

投资者做交易时追求的目标，就是以最小的风险获得最大的收益。因此，在做交易前，首先要考虑使风险最小化，然后再考虑盈利的事情。很多投资者总想着行情上涨能赚多少钱，却没有考虑买入的安全性问题。

集中投资更需要寻找那些风险最小的公司，因为集中投资相当于押注大量的资金。如果风险较大，那么就很容易造成亏损。风险越小，集中投资的盈利机会就越高。

在股票投资中，投资者期望每一笔投资都能有理想的回报。因此，投资者更多集中投资少数几家财务稳健，具有强大竞争力优势，并有能力非凡且诚实可信的经理人所管理的公司股票。投资者若以合理的价格买进这类公司，出现投资损失的概率通常非常小。

2. 集中投资的两大优势

集中投资策略使投资者买入股票前，既要更加审慎地考察公司的经营状况，又要提高对公司经济特征满意度的要求，这样才能降低投资风险。

在集中投资的过程中，投资者一定要知道集中投资的优势所在。投资越分散，交易成本越大，获取收益的概率就越小。相反，投资越集中，交易成本越小，获取收益的概率就越大。这里需要再次强调的是，集中投资一定要投资那些精选后的优质个股，而非随意地买入股票。

（1）持股越少，风险越小。

很多投资者为了规避投资风险,往往把资金分散在不同的股票上。其实，他们根本不理解风险的本质，他们不相信赚钱的同时避开风险是有可能的。更重要的是，尽管分散投资是一种让风险最小化的方法，但它也有一个令人遗憾的副作用，即利润会最小化。

跟一些投资者沟通时发现，很多投资者资金量不大，但是买的股票数量却很多，有的投资者只有三四十万元资金，持有的股票却有几十只。其实，投资者持股过于分散，是很难赚钱的，因为持股过于分散不单会增加买入成本，同时他们也根本没有那么多精力来分析和了解这些股票。另外，持股太分散，行情波动时涨跌总是此消彼长，很难做到普涨，投资者虽然分散了风险，但是很难稳定盈利。

（2）持股数量越少，获利越多。

在集中持股策略中，如果投资者持有的个股数量较少，获利反而会越多。比如，投资者选择了A、B两只标的股，对A股票的确定性非常高，而对B股票的确定性较低。如果投资者10万元资金全部买入A股票，股价上涨20%时，投资者获利2万元。如果投资者选择分散投资，A股票买6万元，B股票买4万元，A股票上涨20%，B股票上涨10%，投资者获利1.6万元。从这个案例中能看出集中持股后的收益比较高。这里要明确的是，只有确定性条件比较高，才能使上面的推论成立。因此，这就要求投资者全面准确地分析上市公司。

巴菲特之所以能够在投资领域持续获利，最重要的原因在于他在获胜概率最大的股票上集中投入了最多的资金。

集中投资虽不能让投资者短期内获得暴利，但从长期来看，其带来的总回报率是远远超过市场平均水平的。所以，集中投资需要投资者有长远的眼光，关注长期收益率，而不是过分看重短期收益。

第二节　长期持有策略

长期持有策略，实际上就是通过时间换空间获取收益。非常优质的公司，其股价往往会呈现长期上涨走势，如果投资者长期持有，可能会取得非常可观的收益。

这里需要强调的是，长期持有股票的必要条件，就是公司长期稳定健康发展。公司的发展是动态的，股票的持有也一定是动态的，要根据公司情况不断做出调整，盲目地长线持有是不可取的。

在国内，大多数投资者不喜欢长期持股，因为他们长期持有某只股票后，放在那里几年，股价有时反而越来越低。实际上，这不是长期投资的错，而是投资者没有根据内在价值选股，或者当初买入的价格太高造成的。

1. 长期持有需要清楚的问题

要想做到长期持有，需要清楚以下 7 个问题。

（1）足够了解买入股票的基本面。

长期持有绝不是随便抓一只股票就长期拿着。有些投资者认为，长期持有就是在股价低时买进，然后长线持有就一定能获利。其实，股票的质地是非常重要的，如果没有充分研究个股的基本面，不管个股是否具有上升潜力，随便抓一只股票就长期持有，那么投资者极有可能没有收获，甚至会出现亏损。

投资者决定投资之前，要清楚地知道买入股票的行业发展前景，该公司在这个行业中处于什么地位，盈利能力如何，主营业务品种是什么，未来有什么发展计划，等等。这是价值投资最基础的一步，也是最关键的一步。

（2）公司具有持续获利能力。

真正值得长期投资的是那些创造价值的能力能够长期保持，并且能够超越产业平均水平的优秀公司。价值投资者正是因为看准了公司未来的发展趋势，看好公司能在这个趋势里成长起来，才选择长期持有的。

投资者判断股票持有还是卖出的主要标准是，公司是否具有持续获利能力，而不是其价格的涨跌。上市公司的持续获利能力，可以根据上市公司披露的报告中的一些项目进行综合分析，最后得出该公司的实际盈利情况。能够长期保持稳定盈利的公司，才是长期持有的目标。

（3）买入价格足够低。

买入价格的点位决定了投资者的持仓底气。在相同价值情况下，投资者买入的价格越低，未来获得盈利的机会就越大。投资者买入的价格足够低，股价下降空间就非常小。虽然投资账户很长一段时间可能只有少量浮盈或浮亏，但投资者看着心里也会比较舒服，没有心理负担，这样有助于长期持有。

投资者决定投资时，肯定认为当前的价格是远低于这家公司本身价值的。这时投资者就要清楚，当前价格被低估的理由是什么，该股票合理的价格应该是多少。

如果投资者在高位买入一只好股票，之后股价长期下跌，那么投资者将会在很长时期里处于浮亏状态，这会对投资者造成很大的心理压力。在漫长的等待过程中，很多投资者心理波动很大，往往会在最困难的时候卖出股票。所以，如果没有好的价格，宁可耐心等待。

（4）长线持有是在持续发展周期内进行长线持股。

很多优质的上市公司都是时代造就的，可以说，很多优秀的公司都是顺应了时代的发展，获得了时代发展的红利。但是时代的发展，每一个阶段都会有不同的特质，因此长期持有策略也要顺应时代的发展。

时代的风口是促使一些公司飞速发展的主要原因。比如，2005 年开始的房地产，2012 年开始的互联网，2016 年开始的新能源汽车，2018 年开始的芯片、光伏，等等，都是时代造就的产物。一大批优质公司，都是在时代背景下蓬勃发展起来的。因此，所谓长线持有，就是在黄金时段内进行长期持股。

（5）在顺周期中寻找优质公司。

同样是好的时代周期，也需要寻找优质的公司。投资者要想长期持有一家上市公司，就必须选择一家成长性好的公司。但是，公司的成长本身受到很多因素的影响，很多优质公司只是在某一阶段是非常优质的。

小米创始人雷军曾说:“只要站在风口上，猪都能飞上天。”这在股市中同样适用，这就是说要顺应时代特点。比如，光伏行业已经有十几年的发展，一大批龙头公司被更替，最终留下的是隆基绿能、通威股份和阳光电源等，之前的汉能控股、海润光伏等早已成为过去。2018 年后，光伏行业受到政策大力扶持，整个行业站上风口，上市公司股价也迎来了大幅上涨。在顺应时代背景下，能在竞争中存活下来的公司，才是真正的优质公司，才有可能给投资者带来长期回报。所以，选择上市公司要比选择行业更难。

（6）长期持有也要选对入场时机。

长期持有策略对入场时机的要求非常高。在低价位买入长期持有，跟在高价位买入长期持有，其结局是截然不同的。比如，2015 年 100 元左右买入贵州茅台长期持有，与 2021 年 2000 多元买入贵州茅台长期持有，结果是完全不一样的，目前贵州茅台价格 1900 元左右，前者盈利约有 18 倍，而后者还处于亏损状态。所以，即便是业绩增长很好的优质公司，买入时也需要选对时机，这样才能享受长期持有带来的高回报。

（7）长期持有也要把握好卖出时机。

长线投资终究是要卖出的，投资者不要忘记，长线投资的根本目的是获利。如果股价上升势头受阻，或市场整体趋势转弱，或上市公司的发展速度减缓，逐渐失去原有的投资价值，那么投资者就应当果断卖出股票。

即使公司获利能力发生暂时性变化，也不影响其长期的获利能力，投资者可以继续长期持有。但是，如果公司的长期获利能力发生根本性变化，那么投资者就应该毫不迟疑地卖出股票。

2. 能长期持有的上市公司特征

（1）公司具有较高的核心壁垒。

公司的核心壁垒就是公司的护城河。绝大多数公司的核心壁垒，其实是技术专利。拥有绝对的核心技术，就是拥有绝对的战略制高点。还有一部分公司通过长时间的沉淀，拥有了品牌壁垒，或者拥有了用户壁垒，这个壁垒的门槛也非常高。只要公司保持稳定，庞大的粉丝级用户很容易让品牌价值越来越高。公司的壁垒越高，发展前景就越好，因为竞争越少。

（2）公司掌握定价权。

优质的公司必然牢牢掌握着定价权。这一点最直观的体现，就是净利润率和毛利润率较高。如果公司没有定价权，就会因为原材料的价格波动，无法确保利润。因为公司很难向下游用户转嫁成本，自己承担成本，利润风险就会很大。公司掌握定价权，公司就能越走越远。优质的公司能够提供高品质的产品，所以一定程度上掌握了产品的定价权。

（3）公司拥有完善的产业链。

公司拥有完善的产业链，能保证公司产品价格的稳定性。比如制造业公司，上游需要拥有稳定的供应商，下游需要稳定的用户群体。如果下游用户群体足够庞大和分散，公司的安全性相对就高一些。如果下游用户非常集中或是特定公司，而且不够分散，则风险很大。比如欧菲光以前长期为苹果公司供应产品，很大一部分利润来源于与苹果公司的合作，2020 年欧菲光被苹果公司踢出供应商名单后，公司利润大幅下滑，当年产生了严重亏损。

3. 不能继续长线持有的情况

长线持有的前提是公司能持续优秀，如果公司出现了负面的变动，那么投资者就要卖出离场。公司出现以下 6 种情况时，投资者应当结束长期持有。

（1）行业开始明显走下坡路。

行业的发展前景对行业内的公司非常重要，否则“皮之不存，毛将焉附”。当一个行业正处于蓬勃发展期时，行业内的公司大都会生存得比较滋润。当一个行业开始严重走下坡路时，行业内的大多数公司必然难以度日。这时候，行业内的公司要继续保持正向增长，就非常困难。所以，如果行业出现问题，尤其是不可逆的情况，那么就不能长线持有股票了。

（2）公司营收开始下滑。

公司出现问题，营收一定会受到严重影响。营收代表的是市场规模，如果市场规模开始下滑，要么是行业危机，要么是出现强有力的竞争对手，导致公司出现危机。不论是哪种情况，一旦营收下降，公司就容易出现问题。有时候，允许公司因为抢占市场去牺牲部分利润，但前提是营收得上来。

（3）净利润率开始下滑。

净利润率下滑是公司面临重大危机的一个信号。如果公司没法保证自己的净利润率，那么公司也就没法保证利润。这样的公司，肯定不值得长期拥有。净利润率下滑，说明公司成本不断上升，需要特别留意。

（4）产品库存开始积压。

产品周转周期也是一个重要的参考指标。当产品供不应求时，周转率一定是很高的，周转周期也是很短的。当产品库存开始积压时，说明公司出现了问题。有很多公司突然出现大量亏损，其实就是公司生产的产品出现积压，无法销售出去，最终计提了坏账。库存占比越高，公司风险越大。

（5）公司资产负债率上升。

公司资产负债率也是评判公司经营风险的一个重要指标。公司的资产负债率上升，说明公司在抵押资产去借钱。合理的负债可以利用外部资金快速壮大公司，但是负债率到达一定程度，公司的风险就很高了。所以，如果公司负债率不断攀升，那就一定要特别留意。

（6）股东大量套现和质押股权。

如果大股东大量套现和质押股权，这也是一个危险的信号。股权质押本身就是一种套现方式。如果一家公司长期向好，股东是不会大量套现的，因为股票未来会越来越值钱。所以，当一家公司的股东开始想方设法套现时，一定要特别注意，很有可能会出现一些意想不到的利空。发生这种情况，是一个不好的信号，对长期持有股票非常不利。

第三节　组合投资策略

组合投资策略是指在股票交易中，根据每种投资标的不同的属性特点，进行合理的投资组合，无论买入还是卖出，都采取在数个投资品种之间分批、依次买卖的搭配方法。

组合投资策略是在股市的实际交易中，由于市场环境错综复杂，为了有效回避市场中的非系统性风险，保证投资者预期收益的稳定性，从而实现整体投资收益最大化而使用的。

投资者通过不同的股票组合策略，最终形成现实中多种多样的投资风格，这种投资模式在基金投资中十分常见。国内外实践证明，通过一定的科学方法构建股票组合，确实起到了规避非系统性风险和稳定收益的作用。

之所以运用组合投资，就是为了避开回撤等风险。使用组合投资策略正是因为它在迅速降低风险的同时，不会大幅减少收益，达到收益大于风险的目的，使投资者有效实现预期获利。

很多投资者认为，组合投资策略无非就是将资金分散配置，分批交易，不满仓进出就行，其实真要做好组合投资并不容易。

1. 建立组合投资的策略步骤

（1）确定投资者的风险承受能力。

在国内，投资者开立证券账户时会有风险测评，以评估投资者的风险承受能力。构建投资组合时，投资者也需要考虑自己的风险承受能力。投资者承受风险能力的强弱，决定了投资者构建组合策略的风格。如果投资者可承受风险能力强，那么可以构建激进型组合投资策略。如果投资者可承受风险能力弱，那么可以构建保守型组合投资策略。确定投资者风险承受能力，其目的在于制定与其相适合的投资目标或策略。

（2）确定目标股票的预期收益率。

投资某一股票之前，首先必须估计它的预期收益率，预期收益率就是目标收益率。通常认为，高风险的股票预期收益率比较高，低风险的股票预期收益率比较低。预期收益率，通常可以通过过去公司多年业绩数据，采用算术平均或其他数学方法获得。

（3）分析目标股票的风险水平。

组合投资的目的就是在尽量降低风险的基础上获取最大收益。目标股的风险是投资者构建组合时需要考虑的重要环节，投资者需要评估目标股的风险情况，一般可以通过观察和分析某只股票的历史收益率所对应的标准差来衡量其风险水平。

（4）构建组合投资策略。

根据投资者的风险承受能力和目标股票的属性，进行合理的资产组合。做组合投资策略时，除非某一个行业处于起涨阶段，并且后续会有持续上涨的潜力，投资者应尽量选取不同行业的优质个股进行组合，不要将一揽子的股票全部选择同一个行业或者同一概念，以免扩大组合风险。

（5）动态评估组合投资策略。

投资组合是动态的，不是一成不变的，需要根据组合内标的实际情况适时调整持仓比例，优化投资组合，抛掉涨幅过高、增值潜力小、前景不好、杠杆较低的资产，保留或增持潜力大、成本低、杠杆高或流动性好的资产。

2. 组合投资的类型

投资者建立组合投资策略时，通常会根据自己的风险承受能力和预期收益率来建立组合。根据投资者组合策略的不同，投资组合类型可以分为以下3种。

（1）激进型。

激进型组合投资策略，又称积极型组合投资策略。投资者通常会选择比较单一的方向，组合内个股经常会选择热点板块进行建仓。投资者会充分挖掘市场热点，频繁调动仓位。优点是能够获取超出市场平均水平的收益，缺点是风险较高，收益不稳定。很多游资或私募机构比较喜欢这样的策略。

（2）平衡型。

平衡型组合投资策略，又称中性型组合投资策略。投资者通常不考虑市场时机，不挖掘当前热点，而是以自身擅长的风格与策略进行投资。投资者通常只持有少量几种板块的股票，或只用少量几种风格进行投资，比如投资成长股、蓝筹股、科技股等。一些私募以及小型公募机构比较喜欢这种组合策略。

（3）防守型。

防守型组合投资策略，又称消极型组合投资策略。该策略通常是投资者对市场后市行情偏消极，选择防守型股票作为投资组合，然后期望能够获得超过市场平均水平的收益。优点在于能够有效防范非系统性风险，缺点是无法回避整个股票市场的系统风险。

3. 组合投资策略对投资者的要求

（1）了解自己的投资风格。

做组合投资策略前，投资者要明确自己计划投入多少资金，对收益有什么样的预期，能够承受的风险有多少。如果投资者想短期内获得较大的收益，那么可以选择激进型组合投资策略，获利速度快，但也要承担较大的风险。如果投资者想在保住本金安全的情况下博弈适当的收益，那么可以选择防守型组合投资策略，获利速度慢，但安全性较高。

（2）分析组合内的股票。

确定好投资策略方向后，投资者要对标的股进行深入研究。哪些股票有资格入选，哪些股票必须摒弃，每只股票的基本面、技术面和消息面到底如何，压力在哪儿、支撑在哪儿，期望值是多少，这些都需要投资者自己去了解。然而，每个人都不可能挖掘出全部信息，即使做了很多功课，也要继续观察，保持质疑的态度，这一点很重要。

（3）动态仓位管理。

对股票投资来说，仓位管理是非常重要的，尤其在组合投资策略中。不同风格的投资方式有不同的仓位管理方法。如果行情向好，那就可以采用激进的组合投资策略。如果行情变坏，那就可以采用防守型组合投资策略。但需要明确的是，无论何时，投资者一定不能满仓，要为不确定性风险预留部分资金。

（4）保持良好的心态。

组合投资策略是运用多只股票进行一揽子组合，普涨时股票可能都在上涨，下跌时股票可能都在下跌。因此，投资者要保持好心态，不能因为行情短暂普涨或普跌而出现过大的情绪波动。

组合内的每只股票都有自己的节奏，组合之所以为组合，就是因为它们是一个集体存在。正因为组合内的股票节奏不同、板块不同、题材不同，才会形成一个组合攻防有致、稳定向上的局面。所以，投资者不要轻易卖出不涨的股票，或许涨得很好的股票出现下跌时，前期涨得不好的股票却能托起投资组合的净值。

第九章　价值周期法则

第一节　价值周期概述

1. 价值周期概念

价值周期又称价值的生命周期，是指一个事物的价值从产生开始到被消耗的过程。

霍华德·马克斯用《周期》一书告诉投资者，“做投资，你可以什么都不相信，但你必须相信周期”。马克·吐温有句名言叫“历史不会重演细节，过程却会重复相似”。这些经典话语对投资者理解周期至关重要。

宏观经济、行业、公司和市场都遵循一再重复的模式，有规律地运行。这些重复发生的模式，市场上一般称之为周期。

促成经济周期、行业周期、公司周期和市场周期形成的原因主要有 3 个：一是自然发生的现象；二是人类心理的起起伏伏；三是由前面两个因素导致的人类行为。

经济周期、行业周期、公司周期和市场周期对投资者的影响极大。如果关注这些周期，投资者就会先人一步，赚取更多收益。投资者要研究过去的经济周期、行业周期、公司周期和市场周期，搞清楚这些周期的起源和重要影响，警惕周期下一波的走势，提前做好决策。

专业投资者十分关注周期，他们会留意过去的模式是否还会重复发生。他们时刻保有一种周期感，能大致判断出当前所处的重要周期的类型和位置，而且知道周期信息所传达的含义，以及自己应该如何采取行动。

2. 周期规律

在霍华德·马克斯的《周期》一书中，详细介绍了周期的3个规律，这对投资者深入了解周期具有重要作用。

周期的第一个规律是，不走直线必走曲线。任何事件的发展都不会是一条直线，而是一条起伏的曲线。在股市周期中，大涨之后必有大跌，大跌之后必有大涨。很多投资者通常只看到股市波动，却没有想到其中其实存在因果关系，上涨过程中逐渐积蓄下跌的能量，并最终导致下跌；下跌过程中逐渐积蓄上涨的能量，并最终导致上涨。

周期的第二个规律是，每一轮周期都不会相同，只会相似，历史不会重演过去的细节，却会重复相似的过程。霍华德·马克斯解读投资周期说，涨跌的方向会重复历史相似的模式，但涨跌的幅度不会重复历史相似的幅度。股市的每一波涨跌都非常相似，但次次不同，这主要是因为随机性的作用。所以，周期的大趋势可以预测，但具体的走势无法预测。

周期的第三个规律是，中间停留时间很短。市场周期围绕基本趋势线或者平均线上下波动，市场走到一个极端之后，总会向中心点回归或者说向均值回归。但是，市场回归到中心点之后，却不会停留，而是继续向着相反的极端运行。所以，股市总是在涨到极端和跌到极端之间不停地运动。

3. 周期类型

在霍华德·马克斯的《周期》一书中，讲述了周期的3种类型。

（1）基本面周期。

从基本面来看，周期可以分为经济周期、政府调节逆周期和企业盈利周期。

经济周期取决于国内生产总值周期，影响因素是参加生产的总人口和社会生产效率。

政府调节逆周期，主要依靠货币政策和财政政策，平抑经济波动。

企业盈利周期，通常波动比较大。其中主要原因是企业使用了经营杠杆和财务杠杆。

（2）心理周期。

在市场周期中，由于有人的参与，所以让周期更加不规律。因为人性决定了这些周期容易向着极端方向运行，要么向上走极端，要么向下走极端。因此，要研究周期，就要先研究人；要研究人，就要先研究人性。人性的表现就是心理和情绪。

大多数投资者无法理性和平静地对待市场波动。他们的心理和情绪就像钟摆一样，特别容易走向极端，主要表现为极度的乐观或悲观。心态和情绪总在贪婪和恐惧这两个极端之间来回摆动。

（3）市场周期。

在市场周期中，投资者关注最多的是股市周期、信贷市场周期和房地产市场周期。

股市周期受经济周期的影响较大，但股市中的牛熊转换周期都有一定的规律性。从多次牛熊转换规律来看，每次牛市的开端都是以多数股价超跌、政府救市和券商自救开始的。每次熊市的开端都是由股价暴涨之后市盈率过高，市场泡沫太大引起的。

相对其他周期，信贷周期影响力特别大。其实多数公司都是借短投长，因为短期贷款或者短期债券和商业票据的利率最低。但是，公司投资的项目周期要长得多，因此公司都是不断地滚动融资，旧债到期借新债。

在经济形势好的时候，再差的公司都能借到钱。但是，在经济形势不好的时候，再好的公司也很难借到钱。

信贷周期对经济周期特别敏感，对企业盈利周期的影响特别大，对经济和市场的影响也特别大。次贷危机，其实就是信贷周期走极端造成的危机。2008 年，就是因为次贷危机引发了全球金融危机。

房地产市场周期是指房地产市场起伏波动、循环的经济现象，表现为房地产业在经济运行过程中交替出现扩张与收缩两大阶段。房地产市场的周期性主要是由市场的供需结构决定的。

4. 周期阶段

周期也遵循钟摆理论，周期就是在两个极端之间来回循环往复，从而形成了周期循环理论。

周期反映在股市中就是行情涨得越高，后市将会跌得越惨。大牛市后很容易出现大熊市。

周期包括复苏、上涨、筑顶、反转、下跌、筑底、再复苏、再上涨 8 个阶段，如图 9-1 所示。

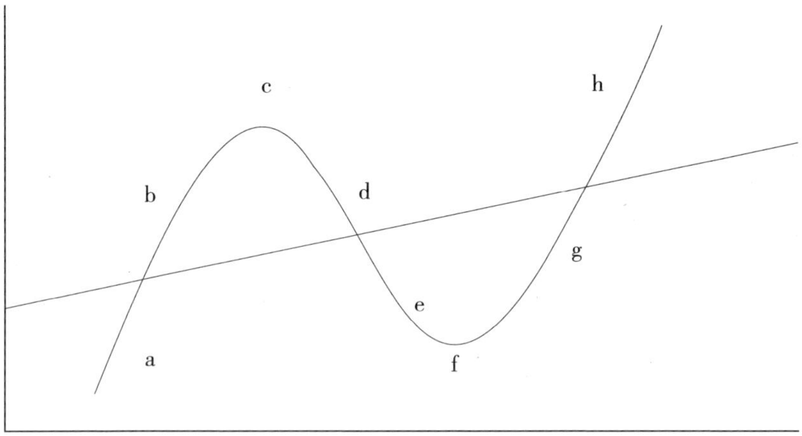

图 9-1　周期性波动

复苏阶段（a）：从一个受到过度压制形成的底部极端点，或者“谷底”开始复苏，移向中心，或者向均值回归。

上涨阶段（b）：继续摆动，经过中心点，冲向顶部的极端点，或者“顶峰”。

筑顶阶段（c）：形成一个顶峰。

反转阶段（d）：从顶峰开始反转，向下修正，向中心点或者向均值回归。

下跌阶段（e）：继续向下运动，经过中心点，而且继续向一个新的“谷底”移动。

筑底阶段（f）：形成一个底部。

再次复苏阶段（g）：又一次开始复苏，从谷底开始反转，向中心点回归，即向均值回归。

再次上涨阶段（h）：接下来，又一次持续振荡上行，经过中心点，而且向另一个新的顶峰移动。

投资者分析市场或行情时，需要了解当前所处周期的位置，它会深刻影响投资获胜的机会。如果处于复苏阶段、上涨阶段和筑底阶段，那么投资者交易获得盈利的概率会非常大。如果处于筑顶阶段、反转阶段和下跌阶段，那么投资者交易获得盈利的概率会很低，而遭受损失的可能性会更大。

也就是说，在周期上所处的位置决定了投资盈利的概率。因此，投资者要根据不同的周期，做出不同的交易策略。

如果投资者懂得周期并加以利用，那么就可以顺应周期的趋势，把投资做得更好。当周期位置对投资更有利时，投资者可以增加投入，投入更多的资金买入，提高组合的进攻性。相反，当周期位置对投资不利时，投资者可以退出市场，把投入的资金拿回来，增强组合的防守性。

第二节　经济周期价值分析

1. 经济周期概述

经济周期也称商业周期、景气循环，一般是指经济活动沿着经济发展的总体趋势所经历的有规律的扩张和收缩。经济周期是国民总产出、总收入和总就业的波动，是国民收入或总体经济活动扩张与紧缩的交替或周期性波动变化。

现如今，市场经济形势日趋复杂，无论是国外还是国内，都面临着经济发展的压力，企业作为市场经济的重要组成部分，企业家们越来越多地关心经济形势的变化。一个企业生产经营状况的好坏，既受内部条件的影响，又受外部宏观经济环境和市场环境的影响。

当经济复苏时，企业产品的销量开始上升，企业经营状况好转，企业发放股息、红利，股价逐渐回升。当经济达到繁荣时，企业盈利状况良好，股息、红利增加，股价大幅上涨。当经济开始衰退之后，企业的产品滞销，企业经营状况恶化，股息、红利减少，股价下降。

经济增长与经济紧缩之间的交替，被称为经济周期。经济周期通常都是交替呈现的。

举例来说，每个经济周期都会出现通货膨胀和通货紧缩。如果主要的长期趋势是通货紧缩，就意味着经济周期也将经历一场更长的、强度更大的通货紧缩阶段。反之亦然。

每个经济周期的特性都有所不同，一个重要原因就是经济体是由很多部分组成的。这些部分总是按照不同的比例上涨和下跌，并且各个部分的经济周期之间也都不尽相同。

通常来说，当某段经济区域的表现超出其经济平均水平时，投资者认为有利可图，就愿意将这种情况纳入自己的决策过程中。投资者为了获得更多的潜在回报，也愿意承担更多的风险。

2. 经济周期的 4 个阶段

经济周期过去常被分为衰退、复苏、繁荣和萧条 4 个阶段，表现在图形上通常叫衰退、谷底、扩张和顶峰更为形象，也是现在普遍使用的名称。如图 9–2 所示。

市场经济进入紧缩阶段时，此阶段多数行业都处于衰退期，市场扩张能力大幅减弱，经济经常处于脆弱状态，此时需要很好的政策调节和引导。

当市场经历持续紧缩后，市场经济处于极度疲弱状态，此阶段处于萧条期，市场多数行业面临萧条，经济不景气，市场投资者表现得极为悲观。此

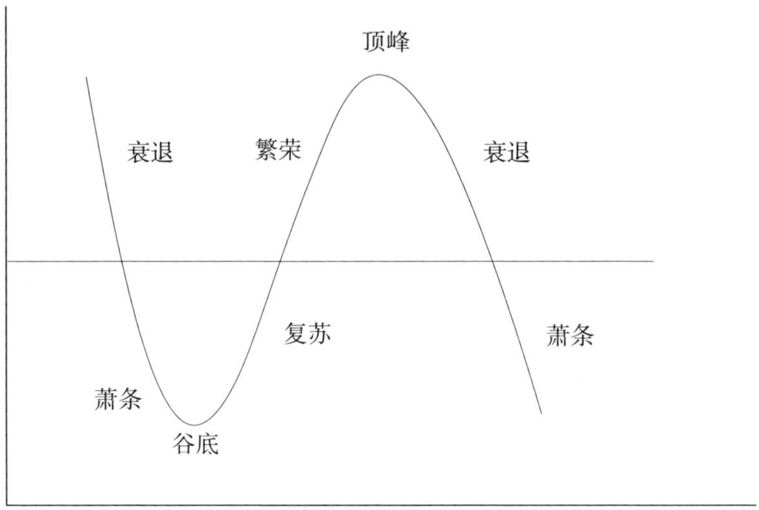

图 9–2　经济周期

时，政府通常会加大政策刺激力度，从而稳住经济局面，市场经济逐渐走向谷底振荡阶段。

在宽松政策支持下，市场经济逐渐稳定后，投资者的信心开始增加，此阶段处于市场的复苏期，各行各业逐渐回温。同时随着经济复苏，很多投资者看到了希望，开始加大资金投入，从而促使经济加速上行，出现快速扩张。

当市场经济持续上行后，此阶段将逐渐步入繁荣期，各行各业开始欣欣向荣，出现一片繁荣景象。此时，投资者处于兴奋状态，愿意加大投资。在积极乐观的状态下，市场进入顶峰阶段。

当市场经济快速发展进入顶峰后，通货膨胀悄然而来，经济开始过热，从而导致政策收缩，经济随之步入衰退阶段。此后，再次经历新的经济周期循环。

第三节　市场周期价值分析

什么是市场周期？市场周期是指资本市场周而复始的生命周期，股票、债券、房地产以及衍生品等都具有相同的特征和生命阶段。它们都经历从成长到高峰然后再到衰退的过程，一个周期结束，另一个周期又会开始。

大家都说股市是反映宏观经济的晴雨表，同样股价水平也反映了上市公司的经营发展状况，通常与这些公司所处商业经济环境的起伏有关。这种环境会以周期性的方式随时间而变化，经济周期往往从扩张期转变为收缩期，然后从收缩期再次变为扩张期，如此循环往复，因此被称为市场周期循环。

股市有自己的周期，该周期受经济周期的影响。如果投资者能够了解市场生命周期的每个阶段，按照每个阶段的特点来投资，就会避免很多不必要的损失。一般来说，市场周期通常被分为 4 个阶段，即积累期、上升期、卖出期、下降期。

研究表明，许多投资者倾向在下跌阶段继续买入，并在下跌阶段快要结束时卖出。投资者只有更好地了解周期，才能抵消对市场周期顶部和底部的成见。

1. 积累期阶段

这个阶段发生在市场衰退后期，通常是经历了漫长的熊市。随着股价大幅下跌，普通投资者大都还没有从悲观状态中解脱出来，但专业投资者开始悄然买进，他们认为市场最坏的情况已经结束或者即将结束。虽然这些专业投资者都有自己的入市理由，但不可否认的是，市场情绪仍然处于消极状态，市场评论依然充斥着熊市的悲观情绪，那些长期饱受熊市折磨的投资者此时会卖掉手中的股票。事实上，整个市场的情绪已经开始由消极变为中性，股价也开始趋于平和。

在积累期这个阶段，投资者应该考虑的是在控制风险的前提下，要积极调整心态，研究市场变化后新的交易策略。

2. 上升期阶段

在这个阶段，通常市场已经稳定一段时间了，多数市场投资者已经意识到基本面可能即将好转，行情开始逐渐走高。他们看到市场逐渐走高，意识到市场的走向和情绪都已经发生变化，因此开始纷纷跟风买入。此时，媒体也开始谈论市场最坏的阶段已经结束，即将迎来好的时机。

在这一阶段，那些后知后觉的投资者也开始纷纷进入市场，市场容量开始大幅增加，同时很多投资者对市场的前景开始变得乐观，认为市场开始走向繁荣,因此他们的贪婪之心便开始蠢蠢欲动。此时很多专业投资者却认为，当大家变得极为兴奋时，股市行情可能会逐渐走向终结，聪明的投资者会逐渐抛售筹码。

在这一阶段，技术上一直处于上涨趋势，很多投资者不会意识到泡沫的存在，他们会偏向乐观，因此市场情绪通常处于乐观状态。

3. 卖出期阶段

在这一阶段，市场上卖方占据主导地位。在周期上，这个阶段被认为由前期的看涨情绪阶段转变为混合情绪阶段，也就是说在这个阶段，有部分投资者依然看涨买入，但有很多投资者已经开始卖出。市场价格通常处于高位振荡，就是说行情可能处于构筑顶部结构阶段。

在这个阶段，投资者通常会产生较大的分歧，部分投资者看涨，部分投资者看跌,市场情绪化非常严重。很多投资者在市场下跌时会产生悲观情绪，而在市场上涨时又会产生乐观情绪，总之，投资者很容易被市场的涨跌控制情绪。

在这个阶段，如果投资者能够早点意识到风险的存在，那么就会及时地卖出，远离市场，从而避免未来行情下跌造成的损失。有些后知后觉的投资者则会继续保持乐观状态，没有在最佳时期卖出，往往在后期行情下跌时，成为高位套牢者。

4. 下降期阶段

在这个阶段，市场的基本面出现恶化，市场前景表现暗淡，很多先知先觉的投资者已经离场，剩下的那些后知后觉的投资者依然在苦苦地坚守。此时，行情极度脆弱，下跌趋势已经全面展开，投资者亏钱效应明显。

在这个阶段，有些明智的投资者会在市场反弹的时候卖出手中的股票，有些投资者依然期待行情反转，但行情的底部远没有到来，因此这部分苦苦支撑的投资者将会面临较大风险。

当市场极度脆弱的时候，也是市场已经大幅下跌之后，市场情绪表现十分脆弱，投资者的心态犹如惊弓之鸟，悲观气氛十分严重，市场稍微下跌，市场抛售情绪就会非常强烈。此时，行情恰恰逐渐走向积累期阶段。

在市场周期的每个阶段，行情走势表现不同，市场投资者的交易策略和心态也有所不同。如果投资者能够清晰地了解市场处于哪个周期，那么制定交易策略时就能以更加安全的模式获取更大收益。

第四节　价值周期布局策略

不论是经济周期还是市场周期，对投资者来说，最主要的是利用周期来进行投资布局。如果投资者能够运用好周期进行投资交易，那么获利的概率将会大大提高。

比如，如果投资者是在周期的复苏和上涨阶段进行布局操作，那么就会很快获得投资回报。但是，如果投资者是在周期的反转和下跌阶段进行布局操作，那么可能会出现较大的亏损，因此投资周期的选择非常重要。

对于价值投资者来说，在分析公司基本面的时候，更应该了解清楚公司目前处于周期的哪个阶段。

研究周期的重点是寻找好的时机和位置。那么，投资者应当如何利用周期进行价值投资呢？主要有以下 4 个方面。

1. 周期定位

根据投资者对周期的定位分析，判断出目前所处的周期阶段及未来周期发展的趋势，以决定投资策略的风险定位。该阶段主要是为了找出目前处于周期的哪个阶段，从而判断出未来是否有利可图。

2. 资产选择

投资者决定配置哪些行业，哪些标的股票或资产，以及选择重仓配置还是轻仓配置。各个行业的周期都有不同的特点，因此投资者选择投资标的前，应该先分析行业周期，尽量投资那些有活力、有发展潜力的行业。选择好行业之后，投资者还需要分析标的股票，实际上每个公司都有周期性，只有了解清楚标的股票处于周期发展的哪个阶段，才能找出好的标的进行配置。

3. 策略选择

投资者主要采用哪种策略模式，是集中策略、分散策略还是组合策略。投资者根据所选标的处于周期的哪个阶段，从而决定采取激进的投资策略还是保守的投资策略。

如果投资者选择的标的处于复苏、上涨和筑底阶段，那么可以选择适当激进的投资策略。如果投资者选择的标的上涨幅度已经比较大，已经接近反转阶段了，那么投资者想要参与博弈，最好采用保守的投资策略。总之，投资者选择哪种投资策略，需要根据所选标的处于周期的哪个阶段来决定，这样才能保证在较低的风险下取得较高的投资回报。

4. 技能和运气

投资者的投资决策，都是基于对当前的资料和图表进行分析以及对未来的预期做出的，因此在做前期分析和交易策略时，很考验投资者的知识储备和技能。

投资者经过分析完成布局后，往往需要运气的加持，因为股价走势通常不会按照投资者的想法而变动。实际上，在交易中经常会遇到有些股票本身比较优质，但是始终不怎么上涨，所以有时投资者的运气也很重要。

第十章　价值投资者的素质要求

第一节　价值投资者的个人素养

投资上可谓是千人千法，每个人有每个人的投资理念和投资方法，而价值投资是普遍被西方国家认可并成功实践的投资方式，目前在国内也正被越来越多的人采用。在未来国内投资市场中，价值投资模式将会更加普遍，价值投资者也需要具备一些良好的个人修养。

1. 坚持全面仔细的分析

很多投资者都属于盲目的投资者，但是对于价值投资者来说，必须杜绝盲目交易。价值投资者在做交易决策时，必须要知道选择交易的理由是什么？也就是说，投资者做交易前，要对投资标的进行全面仔细的分析，让投资决策有据可依，有理可寻。

2. 坚持独立思考与判断

在股市交易中，独立思考和判断是非常难能可贵的。目前，大多数投资者都是市场的盲从者，缺乏独立思考和判断的能力。因为国内投资者大都对股票投资缺乏深入的学习和研究，缺乏这方面的知识储备，所以只能依赖外界的消息。但是如今信息非常复杂，通常很难判定信息的真实性和准确性，因此会给投资者决策带来误导，从而造成交易失败。

价值投资者要想取得成功，必须具备独立的思考和判断能力。也就是说，价值投资者要有对投资标的进行独立分析的能力，并且分析之后能够准确地判断投资标的是否具备投资价值。

3. 投资要有足够的耐心

绝大多数时候，投资者无法准确地测定一只股票的真正价值，只能推算相对合理的价值。当投资者发现某只股票具有相对合理的价值，并且认为该股票符合价值投资逻辑时，会毫不犹豫地买入股票。但是买入之后，股价不一定会立即上涨，往往会经过一段时间的下跌或者横盘振荡之后才开始上涨，这就需要投资者有足够的耐心。

投资者要相信，假如选择某家上市公司的逻辑是对的，并且在一个适当的价位买入了该股票，剩下的就是耐心等待了。

投资者要想获得超出市场水平的回报，尤其是采用集中投资策略，耐心是必要的素质。投资者一定要规避短期行情的影响，相信时间的力量，只要有耐心，就有“守得云开见月明”的那一天。

4. 保持自信和激情

自信和激情是投资者必备的素质之一。做价值投资时，投资者必须保持自信。如果做交易不自信，总是持有怀疑态度，是无法做好交易的。比如，投资者仔细地分析研究一只股票后，确定该股票具有很高的操作价值，但是即将进行交易决策时，却又对是否交易摇摆不定，这是投资者不自信的表现，如此做交易迟早会吃亏。

在保持自信的同时，投资者还要保持激情。做价值投资决策前，需要做很多基础工作，如对上市公司的行业、公司本身进行分析等。如果投资者不能持续保持激情，很容易对这些枯燥的分析感到烦躁。一旦投资者心理产生烦躁情绪，那么做分析或决策时就容易出现偏差。

5. 保持理性和冷静

冲动是魔鬼，在股票交易中，投资者经常刚完成交易就开始后悔，不是觉得买错了，就是觉得卖错了。因为经常出现买完股票就下跌、卖完股票就上涨的情况，所以才会出现刚交易完就后悔的现象。

市场上的个股每天都在上下波动，甚至有时会出现剧烈波动，投资者的情绪往往也会随之波动，因此容易出现追涨杀跌的情况。这些都是投资者不够理性和冷静的表现。

投资者只有理性地分析股票，并保持平静的心态，才能提高交易成功的概率。尤其是做价值投资，如果投资者不能进行理性分析，就很容易造成投资失败。如果投资者不能冷静持股，行情稍有波动，就容易卖出手中的股票，导致股票还没有真正开始上涨就已经卖出，从而失去未来获得更大利润的机会。

6. 养成阅读的好习惯

在股票投资市场上，信息是至关重要的。然而，市场上各种信息纷繁复杂，各利益机构总是会散布各种消息甚至谣言，以迷惑投资者。如果投资者忽视这些信息，那么交易就犹如悬崖上走钢丝，随时都面临危险。当然，如果投资者轻信这些信息，那也注定会以失败而告终。

投资者只有正确解读市场上散布的各种信息，运用自己独立思考的能力探究其背后的本质，才能提升交易成功的概率。投资者要做到这些，就必须认真地阅读海量的市场信息，并能独立地思考和分析这些信息，最终形成一套正确的交易逻辑。

投资者应当及时发现和分析上市公司披露的信息，以便做出正确的投资决策。比如，投资者应当关注上市公司所处行业的政策和状态，了解上市公司的主营业务产品、盈利能力、经营管理能力和年报情况，同时了解同行业竞争对手的年报，了解其在行业中的地位，等等。

投资者阅读完所有关于目标上市公司的信息后，需要问问自己，是否还有什么地方不知道却必须知道的东西？如果有，就再去寻找这方面的信息。总之，获取的信息越多，就越有助于做出正确的投资决策。

7. 养成反思失败的习惯

人非圣贤，孰能无过？每个人都有犯错误的时候，尤其是在股市中，基本上所有的投资者都会犯错误。绝大多数投资者经常犯错误，所以才会经常处于亏损状态。

在股市中，犯错误并不可怕，可怕的是犯错误后不反思，不分析为什么会犯错误。很多投资者会在同一个错误上被绊倒无数次，但依然没有任何改进。

每次失败后，投资者一定要积极主动地进行反思，而不是逃避或者找借口为自己开脱。投资者要思考失败达到什么样的程度，为什么会失败，如何才能防止以后再次发生类似的错误。只有不断地总结失败的教训，才能不断地完善正确的交易理念和交易体系，进而增加投资成功的概率。

第二节　价值投资需要规避的心理特征

在股市交易中，价值投资能够保持长期稳定获利，这已经是被国内外市场实践证实过的。但是，依然有很多投资者难以取得盈利，其重要原因大都出在心理方面。

在股市中，其实投资者最大的敌人是自己，贪婪、恐惧、急躁、慌乱，不能坚持原则，缺乏信心和耐心，没有勇气，找不到目标和信念，这些人性的弱点都会导致投资失败。如果投资者不能有意识地系统分析自身的弱点，有针对性地加以防范，同样的错误就会在投资决策中一再出现，永远不能根除犯错的驱动力。投资者只有深入了解并清楚地认识自己，克服人性的弱点，才能赢得投资成功。

1. 克服贪婪和恐惧

贪婪和恐惧是人类的天性。在股市交易中，贪婪和恐惧被表现得淋漓尽致。通常来说，投资者因为无休止地追求利润，所以他们总是希望抓住一切可以获利的机会，而一旦股价开始下跌，他们又会陷入恐惧之中。

（1）克服贪婪。

股市中，贪得无厌的人比比皆是。投资者想要获取投资收益是理所当然的，在安全边际较高的情况下，追求高收益是合理的，但当风险指数增加时，再贪心去追逐高收益可能就会十分危险。

在股票投资过程中,贪婪是投资者的天性。尤其在股票大幅上涨的时候,由于对利润无休止的贪婪,大多数投资者都会失去理性。可以说,此时最明显的特征就是追涨和盈利了不舍得卖出。然而,一旦贪婪心理占了上风,投资者就不会考虑自己购买的股票的价格是否已经高于股票的内在价值,更不会去分析市盈率,于是许多投资者都以追高的价格买入股票,之后被套牢或者赚了钱也仍然不舍得卖出。

很多时候,投资者之所以会频繁失败,往往就是由于过分贪心造成的。只要看着可能有利就想要,原本已经有一些利益时,他们却不断地期待能有更多利益,寸步不让,最终的结果是原有的利益没有得到,最后反而损失更多利益,这就是所谓的"偷鸡不成蚀把米"。

下面举一个真实的案例。

2020 年年底,有一位投资者朋友以价值投资思维在 5.30 元左右的价位买了聚飞光电。之后,聚飞光电小幅反弹后持续缓慢走低。在股价持续下跌时,他再次分批买入并持有,将成本摊低到 5.05 元左右。2021 年 6 月份开始,股价逐渐起涨,他开始获利。7 月下旬股价大幅拉升,短期内涨到 9.33 元。此时,他的持仓盈利达到 60% 多,但他并没有平仓卖出,认为后面行情还会继续上涨。随后,聚飞光电开始一路下跌。看着利润被吞噬,他心里有些着急,但还是相信股价能再次涨上去,所以一直没有卖出。等到最后,结果股价跌到 5 元以下,继续创出新低。眼看着可观的盈利被吞噬殆尽,最后变成亏损,他很懊悔,但已经无济于事,贪婪让他失去了理性。

在股市交易中,像这种盈利后因为贪婪而不卖出,最终变成亏损的例子不在少数,相信很多投资者有过这样的经历。要想在股市中生存,就必须合理控制自己的欲望。

（2）克服恐惧。

在股票投资过程中，恐惧也会被充分表现出来。面对不利条件时，对未知的恐惧，尤其在股票大幅下跌的时候，由于股价持续下跌造成亏损，大多数投资者会失去理性。可以说，此时最明显的特征就是杀跌。然而，一旦恐惧心理占了上风，投资者就不会考虑自己购买的股票基本面是否发生了变化，股票的价格是否已经低于其价值，这时他们只想着卖出。

下面举一个真实的案例。

2020年年初，有一位投资者朋友以价值投资思维在12.70元左右的价位买了多氟多。之后，多氟多的股价持续走低后，在10～11元之间横盘振荡。他熬了半年时间，期间股价两次回升，他都有小幅盈利，但都没有卖出。2020年9月份，多氟多的股价冲高后快速下跌，他的内心变得恐慌不安，生怕股价还会持续下跌，因此亏损卖出了。随后，多氟多的股价一路上涨至66元，他却倒在了黎明之前。

在股市交易中，像这样以亏损的方式卖在起涨前的投资者比比皆是，主要原因就在于他们心里产生恐慌后，无法理性地判断股票的基本面。要想在股市中成为赢家，就必须克服自己的恐惧。

2. 克服急躁与慌乱

急躁与慌乱，是投资者在股市交易中表现非常明显的特点。在投资者中，很少有人会认真研究公司的年度报告，往往只是看看每股净资产、每股收益、净资产收益率、历史最低价、历史最高价、流通盘等几个简单的数据，然后便开始进场。有些投资者觉得，炒股不就是炒那么几个关键的数字吗？于是，炒完一只扔一只，接着再找另一只有题材的股票。投资者的心态实在是太浮躁了，只管炒炒炒，全不考虑中长期投资效果。

事实上，在股市中真正能够赚到钱并能够享受投资成功的人，往往是那些并不急于赚钱的人。他们总是气定神闲，认真地研判大势，等到自己认为最合适的时机出现时才入市，然后到最合适的时候高位离场。

在中国经济长期看好的前提下，每一次股市的回落都是风险的释放。只要投资者能选择优质的股票，耐心持有等待，就一定能有好的回报。

股市中利多利空消息满天飞，其中绝大多数是机构有意营造的。特别是在股价急跌过程中，机构利用信息不对称原理，用股评人士的“黑嘴”制造种种谣言，助长市场的恐慌情绪。有些散户往往会心慌意乱，手足无措，陷入极度悲观的境地，持股信心丧失殆尽，于是慌不择路地卖出股票，结果正中机构下怀，机构则趁机收集廉价筹码。

相反，在股市前景看好、股价节节攀升的过程中，机构会频频出动，大量散布利好消息，营造市场乐观气氛，以利于他们出货。一般投资者以为行情会继续走高，结果一旦行情发生反转，损失就会非常惨重。

不管是利多消息还是利空消息，投资者一定要冷静对待，认真地进行客观分析，然后理智地决定自己的投资行为。惊慌失措是无济于事的，只会误了大事。

股市中没有专家，只有赢家和输家。投资者必须提高自身素质，培养自己独立思考的能力，不过分依赖他人，这是最终取得投资成功的重要保障。

3. 要有信心和耐心

(1) 要有信心。

对于价值投资者来说，信心非常重要。如果价值投资者对自己买入的股票都没有信心，那就说明对价值投资的前期研究没有做到位。投资者进行投资时，要有充分的投资逻辑支撑自己的投资行为。如有充分的逻辑来支持自己的买入行为，买入后要做的就是相信自己。

如果投资者没有信心，很直观的反应就是对交易行为摇摆不定。当股价下跌时就产生悲观情绪，当股价上涨时又变成乐观情绪。如此反复，交易时就容易犹豫不决。投资者一定要坚信，就算以很低的价格买入股票，也难免会遇到市场波动而造成短期亏损，但只要买入的股票基本面没有发生变化，就要坚定信心，耐心持有。

下面举一个真实的案例。

2021 年年初，有两位投资者朋友以价值投资思维在 34 元左右的价位买了晶瑞电材（除权之后的成本价格在 19 元多）。有一位投资者买入后，总觉得买的价格有点高，然后行情又出现持续下跌，他认为可能是这只股票基本面存在问题，自己没有留意到，所以对该股后续走势有些担心，随后在股价下跌到 28 元附近时止损卖出了股票。另一位投资者买入后就很坚定地持有，认为这只股票的基本面没有问题，当时的市场环境对科技股也非常有利。随后股价经过短期下跌后转为上涨，从除权后的 18 元附近一路上涨至 66 元。

两位投资者在相近的价格同时买入一只股票，第一位投资者对持有该股缺乏信心，最终亏损离场，而第二位投资者坚定地持有，后面收获了近两倍的利润。

（2）要有耐心。

很多散户投资者都有一个通病，就是缺乏耐心，拿不住股票。尤其是价值投资者，如果没有耐心，就很容易以价值投资的名义做出短线交易行为，这并非真正的价值投资。

有很多投资者，每当他们手中的股票涨几个点就着急地立即卖出，想着落袋为安。但是，当一看到卖出的股票还在继续往上涨，就急不可耐地再买回来，这样操作迟早会被高位套牢。

市场上，有很多投资者看到买进的股票有些小盈利时跑得比兔子还快，因为他们大都经历过亏损割肉。他们只要一有获利，就害怕行情反转将获利再次吞噬掉，所以会很快卖掉赚了钱的股票来兑现利润。这样操作非常容易出现赚少亏多的现象，不符合稳定获利的操作策略。

下面举一个真实的案例。

2018 年 9 月—12 月，有一位投资者朋友以价值投资思维陆续买入诚迈科技，成本在 22 元附近。经过两个月的横盘振荡后，诚迈科技的股价开始缓步上涨。当涨到 30 元左右时，他看着持仓已经盈利不少，就非常着急地卖出了。卖出之后股价继续上涨，他又有些后悔，明明是想中长期持有，结果自己没有拿住。看着股价回调一波后又开始上涨，于是他在 2019 年 5 月以 34 元再次买入。之后股价出现连续几个月的横盘振荡，这让他心里很着急，随后在 2019 年 9 月初以少许盈利卖掉了股票。当他卖出后不到一个月，股价就一路上涨至 353 元。

从这位投资者的操作来看，他原本买在了股价最低点附近，并且还是成功地买到了一只涨幅超过 10 倍的大牛股。如果他有足够的耐心，就会在这只股票上获利丰厚，只可惜他没能坚守住。所以，投资者做价值投资时，一定要多一点耐心，用时间来换取更好的空间。

4. 避免盲目乐观和悲观

很多投资者看到股票上涨或者盈利后，容易盲目乐观，每天都幻想着自己买入的股票能够大涨。当他们看到股票下跌或者亏损后，又容易变得非常悲观。

盲目乐观容易让投资者不断地去追高和加码，而盲目悲观又容易让他们不断地杀跌和恐慌。

投资者在做交易时，需要时刻保持理性，思想和情绪不能受市场波动的影响。

后　记

价值投资在中国到底合适不合适？很多投资者都有这样的疑问。很多人总认为A股市场就是一个充满炒作的投机市场，价值投资并不适用，这主要是因为投资者思想和心态存在问题。普通投资者大都倾向于追求短期回报，所以总是关注那些波动性较大的活跃股，尤其是一些投资者特别青睐涨停的股票。

当下，虽然国内投机之风依然严重，但也要看到，中国的价值投资之风正在悄然形成。

价值投资除了选择好的股票外，最关键的是要能坚持。很多投资者原本是以价值投资为初衷买入股票的，结果没过多久就变成了投机交易，真正能够长期坚持下来的投资者并不多。

如今，价值投资策略不单单是机构投资者开始越来越重视，随着金融行业投资教育的深入开展，越来越多的普通投资者也开始由投机交易逐渐转向价值投资。

前些年，跟很多投资者交流的时候，大多数投资者都在聊最近哪些板块非常强势，哪些股票大涨了，哪些股票涨停了，哪些股票又成妖股了。他们探讨的都是要不要追进去，很少能够听到有投资者说某只个股基本面很好，未来上涨潜力很大。

近两年，跟很多投资者交流的时候，发现有一些投资者已经不再天天找涨停的股票，不再天天聊妖股，也不再天天去追涨杀跌，而是开始关注哪个板块未来具有较好的成长潜力，哪只个股基本面比较优秀，未来可能有很好的成长空间。从中可以明显感觉到，现在人们更加重视个股本身的质地和未来的成长潜力。

很多投资者都是经历过很长一段时间的亏损后才逐渐清醒过来，将短线投机思维转变为价值投资思维。但是，随着越来越多的投资者向价值投资思维转变，未来价值投资的权重比例会越来越高。

在国内，价值投资还受到很多投资者的质疑，目前价值投资的环境也存在很多不足的地方。但是，随着管理层各项制度不断完善，投资者教育不断深入开展，投资者思维理念不断转变，相信未来国内价值投资的环境和条件会给价值投资者带来很好的机会！